Grimms Märchen

Grimm's Fairy Tales

Grimms Märchen

Grimm's Fairy Tales

Edited by Willy Schumann

SMITH COLLEGE

suhrkamp publishers
new york, inc.

Under the Editorship of

SIGRID BAUSCHINGER
University of Massachusetts, Amherst

JEFFREY L. SAMMONS
Yale University

MARIA TATAR
Harvard University

Library of Congress Cataloging in Publication Data
Kinder- und Hausmärchen.
  Grimms Märchen.
  Text in German; extensive notes in English.
  1. German language—Readers.   2. Fairy tales
I. Schumann, Willy, 1927-
II. Title.
PF3117.K53   1982   438.6'421   82-5494
ISBN 3-518-03050-7   AACR2

Second corrected printing, 1989

LC-number 82-5494
ISBN 3-518-03050-7
                                              Printed in the USA

Contents

Preface

Despite the enormous popularity of *Grimm's Fairy Tales* all over the world, a special edition of the tales for students of German was last published nearly eighty years ago. Our edition contains seventeen stories, some of them very familiar, like "Sleeping Beauty" and "Cinderella"; others are less familiar to American students, like "Frau Holle" and "Mr. Bearskin." The stories are arranged not by degree of difficulty or length but according to main categories such as *magic tales, tall tales, cautionary tales* and others. (cf. Introduction, Part III).

The volume was prepared for students in their third or fourth semester in college or in their third or fourth year in secondary school. The prospective reader of the collection should have had one complete run-through of German grammar.

With one exception, the texts of the stories are identical with one of the most authentic editions, the *Jubiläumsausgabe* of 1907. Many of the original illustrations of that edition by Otto Ubbelohde have been included. The exception is "Von dem Fischer un syner Fru." I have translated the original Low German into High German and have tried to retain the flavor and stylistic expressiveness of the original as much as possible.

I would like to acknowledge with gratitude the encouragement and advice I received from many friends and colleagues. It is a pleasure to mention especially Professor Maria Tatar of Harvard University, one of the series editors whose close supervision and many helpful suggestions make this a better book. Last but not least, my son, Bill Schumann, a student of German at Grinnell College, deserves a word of thanks. He aided substantially in the preparation of the manuscript and was a most attentive and authentic representative of the audience for whom this volume was prepared.

Smith College   Willy Schumann

Introduction

A few years ago, the following question was raised: "Who are the most widely-read German-speaking authors?" The criterion used for the final ranking was the number of languages into which each author had been translated. As expected, the number-one spot was taken by Karl Marx, whose theoretical writings have had such a tremendous ideological impact all over the world. *Das Kapital* can be read in well over 200 languages. The number-two spot, however, was a surprise. It did not belong, as one might think, to the greatest German poet, Johann Wolfgang Goethe, or to one of the Nobel prize-winners in our century, such as Thomas Mann or Heinrich Böll. It is a book which appeared nearly two centuries ago in two volumes with the simple title *Kinder- und Hausmärchen*.

The authors, or more accurately, the compilers of these 210 folk tales were two young relatively unknown scholars, Jacob and Wilhelm Grimm. The book became an immediate bestseller. In 1890 the twenty-third edition was published in Germany; but even in the lifetime of the brothers, translations into Danish, Swedish, Norwegian, Dutch, English, French, and Armenian appeared. In our own century the popularity of *Grimm's Fairy Tales* remains undiminished. In innumerable editions published in all parts of the world the stories of "Hänsel und Gretel," "Rotkäppchen," "Sneewittchen," and "Dornröschen," are available. They have been simplified and prettified, especially in this country by the Walt Disney industries. Both film makers and television producers make use of these tales. Even our everyday language has been enriched by them; for instance, everyone understands that a "Cinderella-career" signifies a rise from rags to riches. A multitude of scholarly books and articles deals with all aspects of the tales: their origin and their connections with other famous story collections; their effect upon children; their alleged reflection of national character; the differences between fairy tales, fables, and myths. Other works consider different issues: the tales as mirrors of the dreams, fears, and hopes of the people; their function as historical sources for everyday life hundreds of years ago; their reflection of social contact between classes or the conventions and mores of individual groups. The number of scholarly approaches and investigations is overwhelming.

Who were the Grimm brothers? They were born in the small Hessian town of Hanau, not far from Frankfurt am Main, Jacob in 1785, Wilhelm in 1786. They grew up in a middle-class family. Their father, who died in 1796, was a civil servant in the principality of Hesse. The exceptional intellectual talents of the two oldest sons— there were six children altogether in the family— were recognized early. They accomplished their educational goals effortlessly, and both attended the University of Marburg in their native state.

This was the Napoleonic era. The French emperor dominated the European continent. The Romantic movement, which originated towards the end of the eighteenth century, must be understood partially as a national and often nationalistic reaction of the people to French hegemony. Specifically *German* cultural achievements were to be encouraged. The glorious German Middle Ages, hitherto denounced as the "Dark Ages," were rediscovered, especially the great accomplishments in literature and architecture. A further characteristic feature and a lasting contribution of the Romantic movement was the discovery and recognition of folk art. In previous centuries, especially in the Baroque and Rococo Age, but also in the so-called Age of Enlightenment, this part of a country's culture was almost totally neglected. Folk songs, folk ballads, folk legends, folk tales were not acknowledged as genuine art. The civilization of the seventeenth and eighteenth centuries was a court civilization: it was therefore an aristocratic culture with no room for the creations of the folk.

All of this changed dramatically with the Romantic movement. It was a truly revolutionary act when the Romantics recognized the artistic products of the lower classes as genuine art. Not surprisingly, the Grimm brothers were caught up in the double movement of nationalism and enthusiasm for folk art. Even as young students in their Marburg years, they began collecting fairy tales and legends. They continued doing so after they graduated and began their careers, Jacob at first as a librarian, Wilhelm as an auditor and secretary. In 1812 the first volume of their collection was published and in 1815 the second followed.

Their work, however, was by no means limited to collecting fairy tales. Throughout their relatively long lives —Jacob died in 1863 and Wilhelm in 1859—they continued to publish works of fundamental importance, which later were to earn them the honorary title "Fathers of German Studies." The brothers were immensely diligent and for their pioneering achievements their alma mater conferred on them the degree of *Doctor honoris causa*. The extent of the brothers' cooperation on projects is a disputed point. But Jacob is generally recognized as the author of the *German Grammar* in which he created an entirely new terminology; for example, when today we speak of "strong" and "weak" verbs, we are using Grimm's terms. Jacob was also responsible for the *German Mythology* and the *History of the German Language*. This latter work which appeared in 1848, the year of the first German revolution, contains, among many other valuable discoveries, the sound law which is still known as "Grimm's Law." It identifies certain regular soundshifts in the development of the High German language; for instance, the Germanic consonants *d t th p* become in High German *t z(s) d pf(f)*. Wilhelm Grimm is credited with the principal authorship of the *Germanic Heroic Tales* and the *History of Rhyme*.

The Grimms' work of the century was their last project: the *German Dictionary*, in which they showed the development of every German word from its origins to its present-day usage. It stands to reason that they were unable to finish such a monumental undertaking on their own. When Jacob Grimm died in 1863, he had completed work up to the letter *F.* The last word he was working on was "Frucht." One is tempted to read into this a symbolic meaning, because their life's work was so fruitful. The *German Dictionary* was not completed until the year 1962; it contains 32 volumes. It is always referred to as *Grimms Wö.'erbuch.*

Although the Grimms spent most of their waking hours with their beloved work, they did find the time to play a certain role in politics, both actively and passively. In 1830 and 1831 respectively, Jacob and Wilhelm were appointed to professorships at the University of Göttingen in the state of Hanover. In 1837 a severe political crisis developed in the principality. The new ruler, King Ernst August, declared the existing constitution null and void, and there was no mention of a replacement for it. In protest against such an arbitrary act of political dictatorship, seven members of the Göttingen University faculty resigned. They have become famous under the name "Die Göttinger Sieben" and represent a shining example of civil courage in nineteenth-century German history. Among the protesters were the two Grimms. Other renowned scholars were the historian, Friedrich Christoph Dahlmann, and the literary historian, Georg Gottfried Gervinus. Their action aroused sympathy especially in liberal circles all over Germany. People admired their political courage and consistency. Jacob Grimm wrote a year later: "History shows us noble and free men who dared to speak the truth to the face of kings . . . Such examples loosen a subject's tongue, when it is necessary, and compensate for any consequence." Three years later there was a change of government in neighboring Prussia. The new king, Friedrich Wilhelm IV, whose liberal views were well-known, ascended the throne. One of his first official duties was the appointment of Jacob and Wilhelm Grimm to professorships at the renowned Friedrich-Wilhelm University in Berlin. This was a symbolic act of reparation, and it was understood as such by the German public.

Once again the name of Jacob Grimm appeared in the political history of the nineteenth century. He served as a delegate to the Frankfurt Paulskirche where, after the 1848 revolution, a constitution for a united Germany was written. This constitution was never put into practice, because conservative elements in the individual German states, especially in Prussia and Austria, resisted too vigorously. But the work of the Paulskirche delegates, including Jacob Grimm, was not completely in vain and lost: exactly one hundred years later large parts of it were incorporated into the Basic Law of the Federal Republic of Germany.

Jacob and Wilhelm Grimm remained in Berlin until their deaths. They were buried next to each other on the Matthäi Cemetery where their graves can still be visited today.

What accounts for the enormous popularity of the Grimm brothers' collection? Fairy tales have been told and recorded for thousands of years. The oldest preserved tale is Egyptian and was written down about the year 1250 B.C. It contains the ever-popular motif of the two brothers who symbolize opposite aspects of human nature: the "homebody," who stays safely at his father's place, is well-adjusted, and seems destined to become a solid citizen. The other brother (most often the younger one) is the good-for-nothing, seemingly lazy and uninterested in daily duties, a dreamer and adventurer, at first in spirit, later in reality, too. Reliable and knowledgeable folklorists consider the Cinderella cycle one of the oldest and best-loved in the world. Almost a hundred years ago an English scholar counted and investigated 345 variants of the Cinderella tale (Marian R. Cox, *Cinderella: Three Hundred and Forty-five Variants* London, 1893). Among them is a Chinese version from the 9th century A.D. and a Scottish version, *Rashin Coatie*, first published in 1545. Individual motifs of the cycle, for example the dainty little slipper for whose owner a royal lover ardently searches, were mentioned 2000 years ago by the Greek geographer Strabo.

Real collections of folk tales, however, were not begun until much later. We can mention only the two most famous European ones. In 1834 Giambattista Basile published his *Lo Cunto de li Cunti (Story of Stories)*, which later became known as the *Pentameron*. In that collection, we find versions of "Dornröschen," "Aschenputtel," and "Die sieben Raben." Especially popular became the collection of the Frenchman Charles Perrault, the most significant forerunner of the Grimms: *Histoires ou Contes du Temps Passé* of 1697. Perrault used older sources but added many new elements of his own imagination. Some of the most familiar fairy tales "Dornröschen," "Rotkäppchen," "Aschenputtel," "Der gestiefelte Kater," and "Blaubart" entered the consciousness of the people in Perrault's versions. Nevertheless the extent of the influence of these well-known collections in Europe does not begin to rival the tremendous success of the Grimms. Today everyone knows the names of the brothers Grimm; the names Basile and Perrault are familiar only to the initiated.

What accounts for the popularity of the Grimm's collection? Two main answers offer themselves. The first is that the Grimms were in total agreement with the *Zeitgeist*. They were indeed fortunate that, with their ideals and ideas, they were living in this particular era. We have mentioned already the newly discovered interest of the Romantics in folk art. Especially in England and Germany this countermovement against the preceding century of Rationalism was promoted and cultivated, not least of all under the pressure of political realities. A surge of patriotism swept continental Europe. Resistance to French domination grew from year to year, and national pride fostered the rediscovery of specifically *German* accomplishments. Jacob and Wilhelm Grimm headily went with the trend of the times in their work. Another fact added to their popular success. Perrault wrote his *Contes* for an aristocratic society, that is to say, for the numerically small upper-crust at the court of Louis XIV and for his many smaller imitators in the country. The Grimms, on the other hand, addressed a rather broad educated stratum of middle class society, who could read and write and eagerly absorbed the hitherto ignored products of folk art.

The second main reason for the instant and lasting success of the *Kinder- und Hausmärchen* is that the Grimms went to great lengths in order to retain the tone, style, and structure of the *orally* transmitted narratives. It is true that they made certain changes and omissions and did some polishing, partly because they intensely disliked vulgar language. But by and large they sought to produce the tales in the manner in which they had been *told*. Wilhelm Grimm wrote especially enthusiastically about one of his main sources, Frau Viehmann, a peasant woman: "She preserves these old tales firmly in her memory. . . . She narrates thoughtfully, confidently, in a lively manner and with special pleasure in doing so, at first fluently, and then, if one wants, she repeats slowly so that one can copy down what she says. In this way much has been taken down word for word and will be easy to recognize in its truth and accuracy."

The Grimms were scholars and educators, and there can be no doubt that they were strongly interested in the educational value of their collection. In a letter to a friend Jacob writes: "It is our firm intention that the book be regarded as an educational book. . . ." Even though the title of the volumes is *Children's and Household Tales*, the reading public the brothers had in mind were "adult and serious people." It is an unfortunate misunderstanding by readers all over the world that fairy tales are reading materials for children only.

In modern times the tales recorded by the Grimms have frequently been criticized for their elements of cruelty, brutality, and gruesomeness, which would allegedly be harmful to the psychological development of young children. This criticism has recently been answered by the renowned psychologist Bruno Bettelheim in his widely acclaimed book *The Uses of Enchantment* (New York, 1976). Bettelheim offers a spirited defense for exposing even young children to these tales and ascribes to the tales, cruelty and all, a needed therapeutic effect. He writes:

There is a right time for certain growth experiences, and childhood is the time to learn bridging the immense gap between inner experiences and the real world. Fairy tales may seem senseless, fantastic, scary and totally unbelievable to the adult who was deprived of fairy-story fantasy in his own childhood, or has repressed these memories. An adult who has not achieved a satisfactory integration of the two worlds of reality and imagination is put off by such tales. But an adult who in his own life is able to integrate rational order with the illogic of his unconscious will be responsive to the manner in which fairy tales help the child with his integration. To the child, and to the adult, who like Socrates, knows that there is still a child in the wisest of us, fairy tales reveal truths about mankind and oneself. (p. 66).

The poet, dramatist, and philosopher Friedrich Schiller, contemporary and friend of Goethe, makes a similar point in blank verse in one of his greatest plays *Wallenstein:*

> tiefere Bedeutung
> Liegt in dem Märchen meiner Kinderjahre
> Als in der Wahrheit, die das Leben lehrt.

(Deeper meaning resides in the fairy tales told to me in my childhood than in the truth that is taught by life. *Die Piccolomini* III, 4)

Many attempts have been made by scholars of many countries to categorize folk tales, to bring some order and system into the great variety of different kinds of fairy tales. Similarly we will try to identify the main types of stories in this selection and give a short analysis where it may be appropriate and helpful.

There is the genuine *magic tale* that takes place in a true world of enchantment. In this volume "Dornröschen," "Aschenputtel," "Sneewittchen," "Der Froschkönig oder der eiserne Heinrich," and, with some qualification "Hänsel und Gretel" belong to this category. In the "Dornröschen" story the main elements are: the episode of the thirteen fairies; the nearly perfect human being who is vulnerable in one spot; the enchanted castle behind the hedge of thorns; the long sleep, the magic awakening, and the happy end. Dornröschen is the absolute central figure. She is blessed with all the positive qualities a person can have: beauty, virtue, riches, health and so on. But she does have one flaw; it has been prophesied that she will die young or at least will fall into a long deep sleep. This forewarning is the result of the curse of the thirteenth fairy when the court celebrates the long-awaited birth of the princess. Why did it come about? Not because the fairy was evil, but because of an all too human reason: her vanity had been hurt. She felt slighted, because her fellow fairies had been invited to the big festival and she had not. And why not? Because the king had only twelve gold plates. For us this explanation is amusing. We are tempted to ask: a royal court with only twelve dinner plates? Why did they not buy more and have one extra made? Such questions may be posed in a realistic narrative but not in the realm of the magic folk tale. There everything happens according to its own laws.

We are also not allowed to ask why it is that the girl is left alone on the most important day of her life, her fifteenth birthday, although the whole court had been present when the sinister curse was uttered. Did a court official misread his calendar? Did somebody neglect his or her supervisory duties? Again these are legitimate questions in a novel or novella but they do not apply to the fairy tale. Max Lüthi, one of the most renowned modern folk art scholars, speaks correctly of the "isolation," the singularity of motifs in magic tales. The missing thirteenth plate and the unsupervised princess are necessary to advance the plot and push the action forward; and fast-paced action and a wealth of events are essential characteristics of a genuine fairy tale. Therefore they are promoted with little regard for logic and psychological realism.

The motif of the long sleep is one of the most popular myths in folk art. All the long sleepers are, like Dornröschen, outside of the normal dimensions of time. Their time stands still. The otherwise irrevocable process of aging has temporarily been arrested. Death, at least for a while, has been defeated, a motif which doubtless represents in part escapism and wish fulfillment.

Just as the law of time has been repealed in the Dornröschen world, so has the ordinary law of location. The quick-growing thorn hedge is the symbol for this. It is the protective wall against the normal everyday world. The sharply pointed thorns guard the sleeping princess against all unwanted guests and suitors, until the time for her great awakening is ripe. At this point of the narrative, a touch of the unmitigated gruesomeness that characterizes so many fairy tales is still noticeable. At two different times references are made to the many suitors who perished in their vain attempt to break through the hedge and whose pierced, decomposing corpses presumably are still hanging in the thorns.

Exactly one hundred years after the finger-pricking incident—one hundred, like two, three, seven, twelve, and thirteen, is a magic number—the right prince comes along, and without any effort at all, he is able to penetrate the hedge. The thorns, up to this moment hard, hostile, and deadly, are now, through the power of magic, turned into beautiful flowers and yield before the advancing king's son. In his presence the thorns become soft roses; reality is transformed; the world is poeticized; the ugly becomes beautiful; the dangerous becomes friendly; enchantment and magic prevail. It is the poetization of the world which was the first demand of the romanticists at the beginning of the 19th century.

The expected and due kiss awakens not only Dornröschen but everyone and everything around her. Normal life pulses again. The world is no longer out of joint. Indeed not only does everything return to normal, but the world, through the appearance of the redeemer prince—not through his actions, but through his being—has become a better, happier, more sublime place.

The world in "Aschenputtel," "Sneewittchen," "Der Froschkönig oder der eiserne Heinrich" is also populated by well-meaning fairies, helpful animals, fiendish witches and stepmothers, benevolent dwarfs, vulnerable princesses and enchanted princes, magic objects like mirrors and spindles, golden shoes and splendid garments. In addition to the characters and charms, a standard feature of the magic fairy tale is the happy ending. In every language there exists an equivalent to the English phrase: "They lived happily ever after." Listeners and readers are happy and deeply satisfied to see the villains punished and to let the heroes and heroines move into an eternally blissful Never-Never-Land.

"Hänsel und Gretel" does not entirely belong to our category of tales of enchantment. To be sure, there is a happy end; a witch and kind animals appear, and in this story we find what is perhaps the best-known magic symbol of all fairy tales anywhere, the gingerbread house with panes made of sugar and walls and a roof made of baked goods. But the story's spirit and tone is clearly much harsher and more realistic. Even the fact that the children have names is most unusual, although a case could be made that, because they are among the most common names in German, they have almost generic function. The stepmother is especially evil in her plan to abandon the small children in a wild forest; the famine in the country is almost fatal; the witch is a true monster with intentions of murder and cannibalism; the children's self-defense ends in homicide. The happy end is achieved above all because of the sudden unexpected riches in which the reunited father and children literally wallow. Even the charming gingerbread house is only a ruse. The "Hänsel und Gretel" story has a decidedly historical source value. It demonstrates that poverty, starvation, and despair were never far removed from the everyday existence of the lower classes. Their conception of happiness presupposed the possession of gold, silver, and precious stones, that is, material goods.

Of the seventeen stories in our volume none is so far removed from the magic world of "Cinderella," "Snow-white" or "Sleeping Beauty" as "Hans im Glück." We may call it a *realistic tale* and there are a number like that in the complete Grimm collection. There is absolutely no magic in Hans' world. We are in an ordinary country in a realistic setting where animals do not speak and where there are neither good nor evil spirits.

The charm, the humor and the entertainment value of the tale are expressed in the character of the hero. He is the happy simpleton who believes that only good can happen to him, and he thanks God on his knees for it. He is the eternal optimist who is not bothered by people cheating and swindling him, because in his naiveté he does not even notice it. We may call the end "happy" because Hans is happy as "he ran on until he was home again with his mother."

Scholars of folk art have pointed almost from the beginning to the religious elements in a number of fairy tales. In fact, in the complete *Kinder- und Hausmärchen* there is a separate section at the end, which the Grimms called "Kinderlegenden," in which saints, Mary and Joseph and the Christchild himself, appear. In our selection "Die Sterntaler" is a *religious tale* clearly modelled after medieval saintly legends. It is told with the utmost economy, less than two pages in length. In the spirit of perfect Christian *caritas*, the heroine gives away all her worldly possessions including her shirt which, to be sure, causes her some concern because she is then standing there naked; but with a piece of wonderfully naive logic she overcomes her embarrassment: No one will see her, because it is dark. At such a demonstration of unselfishness even Heaven is overwhelmed. In a splendid poetic metaphor all the stars fall from the sky in the form of shiny coins. The reward of the girl is not sainthood or eternal life in heaven as in a medieval legend but good hard cash in the currency of the land.

Animal tales are probably as old as literature itself. In almost all such tales in the Grimm collection the anthropomorphic point of view prevails. That is to say, the animals are endowed with human qualities. They can feel and think; they have a human sense of time; they react like humans. Above all, they can talk. In "Die Bremer Stadtmusikanten" and "Der Wolf und die sieben jungen Geißlein," the two examples of pure animal tales in our selection, the world, as always in the traditional fairy tale, is neatly divided into morally superior and morally inferior forces. The interesting and, by comparison to the animal fable, sophisticated twist in "Die Bremer Stadtmusikanten" is that the animals are good and the people are evil. Human beings appear twice in the story: once, indirectly, as the respective masters and mistresses of the four animal protagonists; as such they are hard-hearted, thoughtless, ungrateful, and cruel. Representatives of the human species appear directly later in the plot, and they are robbers and lawbreakers who, by definition, live off the labor of others.

It is clear that the readers' and listeners' sympathies are to be on the side of the animals. The audience applauds the determination and initiative of the animals to turn their backs on a pitiless world and to build a new life elsewhere. The irony here is that the donkey, traditionally not the brightest in the animal kingdom, is the initiator of the whole enterprise. The humor lies in the fact that the animals seem to believe that they can earn a living with their non-existing musical talent. Neither the braying of an ass, nor the barking of a dog, nor the meowing of a cat, nor the crowing of a rooster are per se pleasing to a human ear; greater disharmony and cacophony are hard to imagine.

The next major scene makes it clear that the animals have in fact no illusions about the mellifluousness of their music. On the contrary, they use it as a weapon, as a concentrated charge, to frighten the robbers and put them to flight. This high point of the plot has made the fairy tale famous: dog on donkey, cat on dog, rooster on cat, they line up outside the window. At a given signal, they begin to "perform their music" and burst through the window, broken glass flying all over the place. It is a most vividly depicted scene of high drama and wonderful humor. The outcome is never in doubt, and we almost sympathize with the panic-stricken robbers and have no trouble believing that they thought it was indeed a ghost coming upon them.

The third part of the tale is an effective conclusion. The four friends wait for the returning robber on his reconnaissance mission, and his fatuous misinterpretation provides us with deep satisfaction. For him, the cat is a witch, the dog a knife-wielding man, the donkey a black monster, and the rooster a judge. The latter mistake is especially comical and convincing because, as a true robber, he senses the arm of the law everywhere. With his permanently guilty conscience, he takes the rooster's crowing as the summons for his arrest.

The animals like it so well in the forest that they stay there. We may conclude that they prefer their own company to that of the human world, where they encounter only heartless specimens and lawbreakers. Harmony prevails among them. Throughout the story they have addressed each other with endearing terms. "Bartputzer," "Rotkopf," "Grauschimmel," and the traditional enmity between cat and dog is not even mentioned. They have found their secure haven and gladly forego further contact with an imperfect human world.

The *tall tale*, the incredible improbable story, is represented here with three examples: "Das tapfere Schneiderlein," "Tischchen deck dich, Goldesel und Knüppel aus dem Sack," and "Märchen von einem, der auszog, das Fürchten zu lernen." In the first story we enjoy the cleverness and bravery of the hero. It is no coincidence that his trade is that of a tailor. In fairy tales characters are always stereotypes, and tailors are inevitably physically weak especially in comparison with blacksmiths, bakers, woodcutters, and so on. Since sympathy with the underdog seems to be part of human nature, it is not surprising that our tailor, despite his lack of stature, successfully makes his way through the world. His weapons are intelligence, courage, agility, and knowledge of human nature. He knows how gullible people are, and with some of the most outrageous tricks he bluffs his way to the top of the social pyramid: he becomes king.

In the world of the brave little tailor there are giants, unicorns, and other fairy tale elements, but we cannot speak of actual magic. This is different in "Tischchen deck dich, Goldesel und Knüppel aus dem Sack." The title itself names the magic objects which give our three heroes what people long for most: first of all, always to have enough to eat, since the magic table on command serves the most delicious gourmet dishes; secondly, inexhaustible wealth in the form of the ass who drops gold coins from the "front and back," a very rare example of mild scatological humor; thirdly, permanent security, since the magic club gives the youngest brother absolute superiority over any opponent. Once again, we must not question the logic of the events; for example, why the masters of the three brothers give up such priceless magic objects. Max Lüthi's answer applies here also: fairy tales have their own logic and the motifs are "isolated."

The hero of the "Märchen von einem, der auszog, das Fürchten zu lernen" is, in his incredible naiveté, a brother or at least a cousin of lucky Hans. He undergoes the most hair-raising and fantastic adventures while trying to learn how to shudder. He encounters a false ghost, horrible animals, corpses and half-corpses, tentative murderers, and a frightening giant, but, like Siegfried in the heroic legend or Superman in our time, he easily overcomes all adversity. His reward is a kingdom and a princess for a wife, while his "normal" brother, the solid citizen, undoubtedly continues to lead his own ordinary, uneventful life. The end of the story is an especially vivid and humorous scene. Our fearless hero and newly-crowned king lies in bed thoroughly drenched with live little fish slithering all over him, and he shouts in very human fashion: "Ooh, I am shuddering, that makes me shudder!"

The last major group of stories may be called *cautionary tales*. They are more didactic than the others and often bear a distinct resemblance to typical fables whose main purpose is to convey a moral lesson. "Frau Holle" contains an ancient myth, that of the *Urmutter*, the basis of all things. In our tale she is a magic figure who commands the elements. Even today small children in Germany are told when it snows that Frau Holle is shaking her featherbeds. Here she uses her magic power to reward and to punish. Goldmarie is decorated for her diligence and altruism by being covered with pure gold. She will never need to worry about her livelihood again. Pechmarie, the lazy and selfish one, becomes marked for life when a kettle of black pitch is poured over her. The message is clear: it pays to work hard but laziness has no reward.

A message of a different kind is conveyed in "Rotkäppchen": little girls must not talk to strangers and must not yield to the temptation of straying from the path of virtue. Rotkäppchen lets herself be persuaded to enjoy herself picking beautiful flowers and in doing so, forgets her mission. As in the other cautionary tales, and fortunately for us, obvious didacticism is avoided. The narrative concentrates rather on the depiction of graphic and vivid scenes: the meeting and the dialogue with the wolf, Rotkäppchen gathering a bouquet of lovely forest flowers, and especially the dramatic confrontation and the girl's repeated and varied question to the wolf in an old lady's dress: "Grandmother, what big ears you have," and so on.

The catastrophe is barely avoided and only by coincidence with the appearance of the huntsman. Hunters in fairy tales, incidentally, are almost always friendly and helpful, probably because they are so close to nature and they are also provider figures. Rotkäppchen and the grandmother are saved. The wolf is punished, and Rotkäppchen will never again stray from the proper path, "when my mother has forbidden me to do so."

"Von dem Fischer un syner Fru" also contains a strong didactic message: humans beings ought to be contented with what they have and must not greedily grasp for things which are not theirs. The fisherman and his wife just eke out a living. How miserable and poor they really are is revealed by the use of the word "Pißputt" for their domicile, a crude but clear indication of their poverty. Magic reaches into their lives, and the good-natured fisherman frees the caught fish immediately when he hears the flounder talking and claiming to be an enchanted prince. Thus the matter is closed for him but not for Ilsebill, his wife. She senses in this encounter with the world of magic the chance to improve their lot. She forces her husband to go back to the sea to have her wish fulfilled. There he stands and lures the fish back with the magic spell which has become famous and almost proverbial in German:

Manntje, Manntje, Timpe Te,
Buttje, Buttje in der See
myne Fru de Ilsebill
will nich so, as ik wol will.

These are simple but exceptionally catchy verses, and their rhythm and word melody are reminiscent of children's counting rhymes. How much the narrator likes the poem is indicated by its repeated, unvaried use throughout the story, six times in all.

It is a main element of the tale that nature changes and continues to change for the worse every time the man appears on the beach; the nice pleasant weather turns, step by step with each visit, into a major storm. The fisherman, by virtue of his trade familiar with weather, wind, and water, becomes more and more frightened. The symbolism of these scenes is clear: the elements, nature, and God disapprove of the woman's flagrant display of greed. She is the initiator and central figure of the plot. The narrator enjoys depicting the details of her social climbing from the "Pißputt" to the handsome cottage, from there to the stone castle, then to the royal castle, to the imperial palace, and finally, to the papal church. The latter, surrounded by palaces, clearly indicates supremacy of the spiritual over the secular, which, incidentally, provides an interesting historical footnote. The struggle between the two powers was the dominating dispute of the Middle Ages for hundreds of years. In our fairy tale the contest has obviously been decided in favor of the papacy.

What we have sensed and anticipated almost from the beginning finally happens: in her greed for power the wife goes too far and becomes guilty of hubris. She wants to be able to order the sun and the moon to rise, which is to say that she wants to be like God Himself. Ilsebill's desire to rule the universe leads to her downfall. Like the heroine of a Baroque tragedy, she falls in one moment from the greatest heights to the lowest depths. Dryly and without further ado, the flounder says to the fisherman: "Turn around. She is back in her Pißputt."

The magic tale, the realistic tale, the religious tale, the animal tale, the tall tale, and the cautionary tale are some of the main categories of the more than two-hundred stories in the *Kinder- und Hausmärchen*. There are others like the riddle tales ("Rumpelstilzchen" might belong here), the adventure tales, and the humorous tales. It stands to reason that there is a great deal of overlapping; "Der Bärenhäuter," for instance, contains elements of three or four categories. At least as significant as the differences, however, are what *Grimm's Fairy Tales* have in common, what distinguishes them from many other collections and what has made them immortal world bestsellers: the freshness and directness of their style, the quick tempo of narration, the wealth of action, and the vivid, graphic portrayal of people and places.

It is impossible to prove, but it has been stated many times by many knowledgeable people that, next to the Bible, Jacob and Wilhelm Grimm's *Kinder- und Hausmärchen* is the most widely read book in German-speaking parts of the world. We are inclined to believe it.

Two Short Notes for the Student

1. Because the text of the *Jubiläumsausgabe* of 1907 was used, one spelling irregularity should be noted. After a colon, the first word of a following direct discourse is not capitalized here, contrary to modern usage. Thus the sentence *Da sprach der Jüngling: "ich fürchte mich nicht . . ."* would read today *Da sprach der Jüngling: "Ich fürchte mich nicht . . ."*

2. The Grimms consistently used the old form "ward" for the modern form "wurde," the 3rd person singular, past tense, indicative of "werden."

Grimms Märchen

Dornröschen

Vor Zeiten war ein König und eine Königin, die sprachen jeden Tag: »ach, wenn wir doch ein Kind hätten!« und kriegten immer keins. Da trug sich zu, als die Königin einmal im Bade saß, daß ein Frosch aus dem Wasser ans Land kroch und zu ihr sprach: »dein Wunsch wird erfüllt werden, ehe ein Jahr vergeht, wirst du eine Tochter zur Welt bringen.« Was der Frosch gesagt hatte, das geschah, und die Königin gebar ein Mädchen, das war so schön, daß der König vor Freude sich nicht zu lassen wußte und ein großes Fest anstellte. Er ladete nicht bloß seine Verwandte, Freunde und Bekannte, sondern auch die weisen Frauen dazu ein, damit sie dem Kind hold und gewogen wären. Es waren ihrer dreizehn in seinem Reiche, weil er aber nur zwölf goldene Teller hatte, von welchen sie essen sollten, so mußte eine von ihnen daheim bleiben. Das Fest ward mit aller Pracht gefeiert, und als es zu Ende war, beschenkten die weisen Frauen das Kind mit ihren Wundergaben: die eine mit Tugend, die andere mit Schönheit, die dritte mit Reichtum und so mit allem, was auf der Welt zu wünschen ist. Als elfe ihre Sprüche eben getan hatten, trat plötzlich die dreizehnte herein. Sie wollte sich dafür rächen, daß sie nicht eingeladen war, und ohne jemand zu grüßen oder nur anzusehen, rief sie mit lauter Stimme: »die Königstochter soll sich in ihrem funfzehnten Jahr an einer Spindel stechen und tot hinfallen.« Und ohne ein Wort weiter zu sprechen, kehrte sie sich um und verließ den Saal. Alle waren erschrocken, da trat die zwölfte hervor, die ihren Wunsch noch übrig hatte, und weil sie den bösen Spruch nicht aufheben, sondern nur ihn mildern konnte, so sagte sie: »es soll aber kein Tod sein, sondern ein hundertjähriger tiefer Schlaf, in welchen die Königstochter fällt.«

Der König, der sein liebes Kind vor dem Unglück gern bewahren wollte, ließ den Befehl ausgehen, daß alle Spindeln im ganzen Königreiche sollten verbrannt werden. An dem Mädchen aber wurden die Gaben der weisen Frauen sämtlich er-

---

1. *Dornröschen* "Little Briar-Rose"; also often translated as "Sleeping Beauty" 9. *daß . . . wußte* that the king was unable to contain himself for joy 10. *ladete = lud* (obsolete) 12. *damit . . . wären* so that they would be kind and well disposed to the child 26. *die . . . hatte* who still had her wish remaining 31. *der . . . wollte* who wanted to protect his dear little child from the misfortune 33. *An . . . erfüllt* The gifts of the wise women were plenteously fulfilled in the girl

füllt; denn es war so schön, sittsam, freundlich und verständig, daß es jedermann, der es ansah, lieb haben mußte. Es geschah, daß an dem Tage, wo es gerade funfzehn Jahr alt ward, der König und die Königin nicht zu Haus waren, und das Mädchen ganz allein im Schloß zurückblieb. Da ging es aller Orten herum, besah Stuben und Kammern, wie es Lust hatte, und kam endlich auch an einen alten Turm. Es stieg die enge Wendeltreppe hinauf und gelangte zu einer kleinen Türe. In dem Schloß steckte ein verrosteter Schlüssel, und als es umdrehte, sprang die Türe auf, und saß da in einem kleinen Stübchen eine alte Frau mit einer Spindel und spann emsig ihren Flachs. »Guten Tag, du altes Mütterchen«, sprach die Königstochter, »was machst du da?« – »Ich spinne«, sagte die Alte und nickte mit dem Kopf. »Was ist das für ein Ding, das so lustig herumspringt?« sprach das Mädchen, nahm die Spindel und wollte auch spinnen. Kaum hatte sie aber die Spindel angerührt, so ging der Zauberspruch in Erfüllung, und sie stach sich damit in den Finger.

In dem Augenblick aber, wo sie den Stich empfand, fiel sie auf das Bett nieder, das da stand, und lag in einem tiefen Schlaf. Und dieser Schlaf verbreitete sich über das ganze Schloß: der König und die Königin, die eben heimgekommen waren und in den Saal getreten waren, fingen an einzuschlafen und der ganze Hofstaat mit ihnen. Da schliefen auch die Pferde im Stall, die Hunde im Hofe, die Tauben auf dem Dache, die Fliegen an der Wand, ja, das Feuer, das auf dem Herde flackerte, ward still und schlief ein, und der Braten hörte auf zu brutzeln, und der Koch, der den Küchenjungen, weil er etwas versehen hatte, in den Haaren ziehen wollte, ließ ihn los und schlief. Und der Wind legte sich, und auf den Bäumen vor dem Schloß regte sich kein Blättchen mehr.

Rings um das Schloß aber begann eine Dornenhecke zu wachsen, die jedes Jahr höher ward und endlich das ganze Schloß umzog und darüber hinaus wuchs, daß gar nichts mehr davon zu sehen war, selbst nicht die Fahne auf dem Dach. Es

6. *wie . . . hatte* as she pleased 14. *das . . . herumspringt* that whirls around so merrily 27. *der . . . brutzeln* the roast stopped sizzling 28. *weil . . . hatte* because he had made some mistake 35. *selbst nicht* not even

ging aber die Sage in dem Land von dem schönen schlafenden Dornröschen; denn so ward die Königstochter genannt, also daß von Zeit zu Zeit Königssöhne kamen und durch die Hecke in das Schloß dringen wollten. Es war ihnen aber nicht möglich; denn die Dornen, als hätten sie Hände, hielten fest zusammen, und die Jünglinge blieben darin hängen, konnten sich nicht wieder losmachen und starben eines jämmerlichen Todes. Nach langen langen Jahren kam wieder einmal ein Königssohn in das Land und hörte, wie ein alter Mann von der Dornhecke

5

5. *als* . . . *Hände* as though they had hands 6. *die* . . . *hängen* the young men remained caught in them

erzählte, es sollte ein Schloß dahinter stehen, in welchem eine
wunderschöne Königstochter, Dornröschen genannt, schon
seit hundert Jahren schliefe, und mit ihr schliefe der König und
die Königin und der ganze Hofstaat. Er wußte auch von seinem
5 Großvater, daß schon viele Königssöhne gekommen wären
und versucht hätten, durch die Dornenhecke zu dringen, aber
sie wären darin hängen geblieben und eines traurigen Todes gestorben. Da sprach der Jüngling:»ich fürchte mich nicht, ich
will hinaus und das schöne Dornröschen sehen.« Der gute Alte
10 mochte ihm abraten, wie er wollte, er hörte nicht auf seine
Worte.

Nun waren aber gerade die hundert Jahre verflossen, und der
Tag war gekommen, wo Dornröschen wieder erwachen sollte.
Als der Königssohn sich der Dornenhecke näherte, waren es
15 lauter große schöne Blumen, die taten sich von selbst auseinander und ließen ihn unbeschädigt hindurch und hinter ihm taten
sie sich wieder als eine Hecke zusammen. Im Schloßhof sah er
die Pferde und scheckigen Jagdhunde liegen und schlafen; auf
dem Dache saßen die Tauben und hatten das Köpfchen unter
20 den Flügel gesteckt. Und als er ins Haus kam, schliefen die Fliegen an der Wand, der Koch in der Küche hielt noch die Hand,
als wollte er den Jungen anpacken, und die Magd saß vor dem
schwarzen Huhn, das sollte gerupft werden. Da ging er weiter
und sah im Saale den ganzen Hofstaat liegen und schlafen, und
25 oben bei dem Throne lag der König und die Königin. Da ging er
noch weiter, und alles war so still, daß einer seinen Atem hören
konnte, und endlich kam er zu dem Turm und öffnete die Türe
zu der kleinen Stube, in welcher Dornröschen schlief. Da lag es
und war so schön, daß er die Augen nicht abwenden konnte,
30 und er bückte sich und gab ihm einen Kuß. Wie er es mit dem
Kuß berührt hatte, schlug Dornröschen die Augen auf, erwachte und blickte ihn ganz freundlich an. Da gingen sie zusammen herab, und der König erwachte und die Königin und
der ganze Hofstaat und sahen einander mit großen Augen an.
35 Und die Pferde im Hof standen auf und rüttelten sich: die Jagd-

---

1. *es . . . stehen* a castle was reported to be behind it 3. *schon . . . schliefe* had
been asleep for a hundred years 9. *Der . . . wollte* However much the good old man
might try to dissuade him 15. *die . . . auseinander* which parted from each other of
their own accord 22. *als . . . anpacken* as if he intended to grab the boy 31. *schlug
. . . auf* Dornröschen opened her eyes 34. *sahen . . . an* looked at each other with
astonished eyes

hunde sprangen und wedelten: die Tauben auf dem Dache zogen das Köpfchen unterm Flügel hervor, sahen umher und flogen ins Feld: die Fliegen an den Wänden krochen weiter: das Feuer in der Küche erhob sich, flackerte und kochte das Essen: der Braten fing wieder an zu brutzeln: und der Koch gab dem Jungen eine Ohrfeige, daß er schrie, und die Magd rupfte das Huhn fertig. Und da wurde die Hochzeit des Königssohns mit dem Dornröschen in aller Pracht gefeiert, und sie lebten vergnügt bis an ihr Ende.

5

5. *der . . . schrie* the cook slapped the boy's face so that he screamed

Aschenputtel

Einem reichen Manne, dem wurde seine Frau krank, und als sie
fühlte, daß ihr Ende herankam, rief sie ihr einziges Töchterlein
zu sich ans Bett und sprach: »liebes Kind, bleib fromm und gut,
so wird dir der liebe Gott immer beistehen, und ich will vom
Himmel auf dich herabblicken und will um dich sein.« Darauf
tat sie die Augen zu und verschied. Das Mädchen ging jeden
Tag hinaus zu dem Grabe der Mutter und weinte und blieb
fromm und gut. Als der Winter kam, deckte der Schnee ein weißes Tüchlein auf das Grab, und als die Sonne im Frühjahr es
wieder herabgezogen hatte, nahm sich der Mann eine andere
Frau.

   Die Frau hatte zwei Töchter mit ins Haus gebracht, die schön
und weiß von Angesicht waren, aber garstig und schwarz von
Herzen. Da ging eine schlimme Zeit für das arme Stiefkind an.
»Soll die dumme Gans bei uns in der Stube sitzen!« sprachen
sie, »wer Brot essen will, muß es verdienen: hinaus mit der Küchenmagd.« Sie nahmen ihm seine schönen Kleider weg, zogen

1. *Aschenputtel* Cinderella; from *die Asche* and *putteln* an old Hessian dialect verb
"to shake back and forth" 6. *will . . . sein* will be with you

ihm einen grauen alten Kittel an und gaben ihm hölzerne Schuhe. »Seht einmal die stolze Prinzessin, wie sie geputzt ist!« riefen sie, lachten und führten es in die Küche. Da mußte es von Morgen bis Abend schwere Arbeit tun, früh vor Tag aufstehn, Wasser tragen, Feuer anmachen, kochen und waschen. Oben-drein taten ihm die Schwestern alles ersinnliche Herzeleid an, verspotteten es und schütteten ihm die Erbsen und Linsen in die Asche, so daß es sitzen und sie wieder auslesen mußte. Abends, wenn es sich müde gearbeitet hatte, kam es in kein Bett, son-dern mußte sich neben den Herd in die Asche legen. Und weil es darum immer staubig und schmutzig aussah, nannten sie es *Aschenputtel.*

Es trug sich zu, daß der Vater einmal in die Messe ziehen wollte, da fragte er die beiden Stieftöchter, was er ihnen mit-bringen sollte? »Schöne Kleider«, sagte die eine; »Perlen und Edelsteine«, die zweite. – »Aber du, Aschenputtel«, sprach er, »was willst du haben?« – »Vater, das erste Reis, das Euch auf Eurem Heimweg an den Hut stößt, das brecht für mich ab.« Er kaufte nun für die beiden Stiefschwestern schöne Kleider, Per-len und Edelsteine, und auf dem Rückweg, als er durch einen grünen Busch ritt, streifte ihn ein Haselreis und stieß ihm den Hut ab. Da brach er das Reis ab und nahm es mit. Als er nach

5

10

15

20

5. *Obendrein . . . an*   On top of this, the sisters tormented her in every imaginable way
9. *wenn . . . hatte*   when she was tired from working

Haus kam, gab er den Stieftöchtern, was sie sich gewünscht hatten, und dem Aschenputtel gab er das Reis von dem Haselbusch. Aschenputtel dankte ihm, ging zu seiner Mutter Grab und pflanzte das Reis darauf und weinte so sehr, daß die Tränen darauf niederfielen und es begossen. Es wuchs aber und ward ein schöner Baum. Aschenputtel ging alle Tage dreimal darunter, weinte und betete, und allemal kam ein weißes Vöglein auf den Baum, und wenn es einen Wunsch aussprach, so warf ihm das Vöglein herab, was es sich gewünscht hatte.

Es begab sich aber, daß der König ein Fest anstellte, das drei Tage dauern sollte, und wozu alle schönen Jungfrauen im Lande eingeladen wurden, damit sich sein Sohn eine Braut aussuchen möchte. Die zwei Stiefschwestern, als sie hörten, daß sie auch dabei erscheinen sollten, waren guter Dinge, riefen Aschenputtel und sprachen:»kämm uns die Haare, bürste uns die Schuhe und mache uns die Schnallen fest; wir gehen zur Hochzeit auf des Königs Schloß.« Aschenputtel gehorchte, weinte aber, weil es auch gern zum Tanz mitgegangen wäre, und bat die Stiefmutter, sie möchte es ihm erlauben.»Du, Aschenputtel«, sprach sie,»bist voll Staub und Schmutz und willst zur Hochzeit? Du hast keine Kleider und Schuhe und willst tanzen!« Als es aber mit Bitten anhielt, sprach sie endlich: »da habe ich dir eine Schüssel Linsen in die Asche geschüttet, wenn du die Linsen in zwei Stunden wieder ausgelesen hast, so sollst du mitgehen.« Das Mädchen ging durch die Hintertüre nach dem Garten und rief:»ihr zahmen Täubchen, ihr Turteltäubchen, all ihr Vöglein unter dem Himmel, kommt und helft mir lesen,

die guten ins Töpfchen,
die schlechten ins Kröpfchen.«

Da kamen zum Küchenfenster zwei weiße Täubchen herein und danach die Turteltäubchen, und endlich schwirrten und schwärmten alle Vöglein unter dem Himmel herein und ließen sich um die Asche nieder. Und die Täubchen nickten mit den Köpfchen und fingen an pik, pik, pik, pik, und da fingen die

---

6. *alle Tage* = *jeden Tag* 10. *Es* . . . *aber* It came to pass 12. *damit* . . . *möchte* so that his son might choose a bride 14. *waren* . . . *Dinge* were delighted 16. *zur Hochzeit* (here in the older sense): to the festival 21. *willst* . . . *Hochzeit* you want (to go) to the festival 22. *Als* . . . *anhielt* But as she persisted in asking 27. *helft* . . . *lesen* help me pick

übrigen auch an pik, pik, pik, pik, und lasen alle guten Körnlein in die Schüssel. Kaum war eine Stunde herum, so waren sie schon fertig und flogen alle wieder hinaus. Da brachte das Mädchen die Schüssel der Stiefmutter, freute sich und glaubte, es dürfte nun mit auf die Hochzeit gehen. Aber sie sprach:»nein, Aschenputtel, du hast keine Kleider und kannst nicht tanzen: du wirst nur ausgelacht.« – Als es nun weinte, sprach sie: »wenn du mir zwei Schüsseln voll Linsen in einer Stunde aus der Asche rein lesen kannst, so sollst du mitgehen«, und dachte: »das kann es ja nimmermehr.« Als sie die zwei Schüsseln Linsen in die Asche geschüttet hatte, ging das Mädchen durch die Hintertüre nach dem Garten und rief:»ihr zahmen Täubchen, ihr Turteltäubchen, all ihr Vöglein unter dem Himmel, kommt und helft mir lesen,

> die guten ins Töpfchen,
> die schlechten ins Kröpfchen.«

Da kamen zum Küchenfenster zwei weiße Täubchen herein und danach die Turteltäubchen, und endlich schwirrten und schwärmten alle Vöglein unter dem Himmel herein und ließen sich um die Asche nieder. Und die Täubchen nickten mit ihren Köpfchen und fingen an pik, pik, pik, pik, und da fingen die übrigen auch an pik, pik, pik, pik, und lasen alle guten Körner in die Schüssel. Und eh’ eine halbe Stunde herum war, waren sie schon fertig und flogen alle wieder hinaus. Da trug das Mädchen die Schüsseln zu der Stiefmutter, freute sich und glaubte, nun dürfte es mit auf die Hochzeit gehen. Aber sie sprach:»es hilft dir alles nichts: du kommst nicht mit; denn du hast keine Kleider und kannst nicht tanzen; wir müßten uns deiner schämen.« Darauf kehrte sie ihm den Rücken zu und eilte mit ihren zwei stolzen Töchtern fort.

Als nun niemand mehr daheim war, ging Aschenputtel zu seiner Mutter Grab unter den Haselbaum und rief:
»Bäumchen, rüttel dich und schüttel dich,
wirf Gold und Silber über mich.«
Da warf ihm der Vogel ein golden und silbern Kleid herunter

---

2. *Kaum . . . herum* Hardly an hour had passed 10. *das . . . nimmermehr* she will never be able to do it 23. *Und . . . war* And before an hour was over 28. *wir . . . schämen* we would be ashamed of you

und mit Seide und Silber ausgestickte Pantoffeln. In aller Eile zog es das Kleid an und ging zur Hochzeit. Seine Schwestern aber und die Stiefmutter kannten es nicht und meinten, es müßte eine fremde Königstochter sein, so schön sah es in dem goldenen Kleide aus. An Aschenputtel dachten sie gar nicht und dachten, es säße daheim im Schmutz und suchte die Linsen aus der Asche. Der Königssohn kam ihm entgegen, nahm es bei der Hand und tanzte mit ihm. Er wollte auch mit sonst niemand tanzen, also daß er ihm die Hand nicht losließ, und wenn ein anderer kam, es aufzufordern, sprach er:»das ist meine Tänzerin.«

Es tanzte, bis es Abend war; da wollte es nach Haus gehen. Der Königssohn aber sprach:»ich gehe mit und begleite dich«, denn er wollte sehen, wem das schöne Mädchen angehörte. Sie entwischte ihm aber und sprang in das Taubenhaus. Nun wartete der Königssohn, bis der Vater kam, und sagte ihm, das fremde Mädchen wär' in das Taubenhaus gesprungen. Der Alte dachte:»sollte es Aschenputtel sein?« und sie mußten ihm Axt und Hacken bringen, damit er das Taubenhaus entzweischlagen konnte: aber es war niemand darin. Und als sie ins Haus kamen, lag Aschenputtel in seinen schmutzigen Kleidern in der Asche, und ein trübes Öllämpchen brannte im Schornstein; denn Aschenputtel war geschwind aus dem Taubenhaus hinten herabgesprungen und war zu dem Haselbäumchen gelaufen: da hatte es die schönen Kleider abgezogen und aufs Grab gelegt, und der Vogel hatte sie wieder weggenommen, und dann hatte es sich in seinem grauen Kittelchen in die Küche zur Asche gesetzt.

Am andern Tag, als das Fest von neuem anhub, und die Eltern und Stiefschwestern wieder fort waren, ging Aschenputtel zu dem Haselbaum und sprach:

»Bäumchen, rüttel dich und schüttel dich,
wirf Gold und Silber über mich.«

Da warf der Vogel ein noch viel stolzeres Kleid herab als am vorigen Tag. Und als es mit diesem Kleide auf der Hochzeit er-

1. *mit* . . . *Pantoffeln* slippers embroidered with silk and silver 9. *also* . . . *losließ* and he never let go of her hand 19. *damit* . . . *konnte* that he might hew the pigeon-house to pieces 29. *als* . . . *anhub* when the festival began again

schien, erstaunte jedermann über seine Schönheit. Der Königssohn aber hatte gewartet, bis es kam, nahm es gleich bei der Hand und tanzte nur allein mit ihm. Wenn die andern kamen und es aufforderten, sprach er:»das ist meine Tänzerin.« Als es nun Abend war, wollte es fort, und der Königssohn ging ihm nach und wollte sehen, in welches Haus es ging: aber es sprang ihm fort und in den Garten hinter dem Haus. Darin stand ein schöner großer Baum, an dem die herrlichsten Birnen hingen; es kletterte so behend wie ein Eichhörnchen zwischen die Äste, und der Königssohn wußte nicht, wo es hingekommen war. Er wartete aber, bis der Vater kam, und sprach zu ihm:»das fremde Mädchen ist mir entwischt, und ich glaube, es ist auf den Birnbaum gesprungen.« Der Vater dachte:»sollte es Aschenputtel sein?« ließ sich die Axt holen und hieb den Baum um, aber es war niemand darauf. Und als sie in die Küche kamen, lag Aschenputtel da in der Asche wie sonst auch; denn es war auf der andern Seite vom Baum herabgesprungen, hatte dem Vogel auf dem Haselbäumchen die schönen Kleider wiedergebracht und sein graues Kittelchen angezogen.

Am dritten Tag, als die Eltern und Schwestern fort waren, ging Aschenputtel wieder zu seiner Mutter Grab und sprach zu dem Bäumchen:

»Bäumchen, rüttel dich und schüttel dich,
    wirf Gold und Silber über mich.«

Nun warf ihm der Vogel ein Kleid herab, das war so prächtig und glänzend, wie es noch keins gehabt hatte, und die Pantoffeln waren ganz golden. Als es in dem Kleid zu der Hochzeit kam, wußten sie alle nicht, was sie vor Verwunderung sagen sollten. Der Königssohn tanzte ganz allein mit ihm, und wenn es einer aufforderte, sprach er:»das ist meine Tänzerin.«

Als es nun Abend war, wollte Aschenputtel fort, und der Königssohn wollte es begleiten, aber es entsprang ihm so geschwind, daß er nicht folgen konnte. Der Königssohn hatte aber eine List gebraucht und hatte die ganze Treppe mit Pech bestreichen lassen: da war, als es hinabsprang, der linke Pantof-

5. *wollte . . . fort* she wanted to leave   10. *wo . . . war* where she had gone   14. *ließ
. . . um* had the axe brought and cut down the tree   16. *wie . . . auch* as usual
35. *hatte . . . lassen* had the entire staircase covered with pitch

fel des Mädchens hängen geblieben. Der Königssohn hob ihn auf, und er war klein und zierlich und ganz golden. Am nächsten Morgen ging er damit zu dem Mann und sagte zu ihm: »keine andere soll meine Gemahlin werden als die, an deren Fuß dieser goldene Schuh paßt.« Da freuten sich die beiden Schwestern; denn sie hatten schöne Füße. Die älteste ging mit dem Schuh in die Kammer und wollte ihn anprobieren, und die Mutter stand dabei. Aber sie konnte mit der großen Zehe nicht hineinkommen, und der Schuh war ihr zu klein; da reichte ihr die Mutter ein Messer und sprach: »hau die Zehe ab: wann du Königin bist, so brauchst du nicht mehr zu Fuß zu gehen.« Das Mädchen hieb die Zehe ab, zwängte den Fuß in den Schuh, verbiß den Schmerz und ging heraus zum Königssohn. Da nahm er sie als seine Braut aufs Pferd und ritt mit ihr fort. Sie mußten aber an dem Grabe vorbei; da saßen die zwei Täubchen auf dem Haselbäumchen und riefen:

>»rucke di guck, rucke di guck,
>Blut ist im Schuck (Schuh):
>Der Schuck ist zu klein,
>die rechte Braut sitzt noch daheim.«

Da blickte er auf ihren Fuß und sah, wie das Blut herausquoll. Er wendete sein Pferd um, brachte die falsche Braut wieder nach Haus und sagte, das wäre nicht die rechte; die andere Schwester sollte den Schuh anziehen. Da ging diese in die Kammer und kam mit den Zehen glücklich in den Schuh, aber die Ferse war zu groß. Da reichte ihr die Mutter ein Messer und sprach: »hau ein Stück von der Ferse ab: wann du Königin bist, brauchst du nicht mehr zu Fuß zu gehen.« Das Mädchen hieb ein Stück von der Ferse ab, zwängte den Fuß in den Schuh, verbiß den Schmerz und ging heraus zum Königsohn. Da nahm er sie als seine Braut aufs Pferd und ritt mit ihr fort. Als sie an dem Haselbäumchen vorbeikamen, saßen die zwei Täubchen darauf und riefen:

>»rucke di guck, rucke di guck,
>Blut ist im Schuck:

---

12. *verbiß . . . Schmerz* swallowed the pain   14. *Sie . . . vorbei* They had to pass by the grave, however   17. *rucke . . . guck* imitation of the cooing sound of pigeons (i.e. onomatopoetic effect). It could also be read as a dialect form of *guck zurück* "look back".   21. *wie . . . herausquoll* the blood oozing out

Der Schuck ist zu klein,
die rechte Braut sitzt noch daheim.«
Er blickte nieder auf ihren Fuß und sah, wie das Blut aus dem
Schuh quoll und an den weißen Strümpfen ganz rot heraufge-
stiegen war. Da wendete er sein Pferd und brachte die falsche   5
Braut wieder nach Haus.»Das ist auch nicht die rechte«, sprach
er,»habt ihr keine andere Tochter?« –»Nein«, sagte der Mann,
»nur von meiner verstorbenen Frau ist noch ein kleines verbut-
tetes Aschenputtel da: das kann unmöglich die Braut sein.« Der
Königssohn sprach, er sollte es heraufschicken, die Mutter aber   10
antwortete:»ach nein, das ist viel zu schmutzig, das darf sich
nicht sehen lassen.« Er wollte es aber durchaus haben, und
Aschénputtel mußte gerufen werden. Da wusch es sich erst
Hände und Angesicht rein, ging dann hin und neigte sich vor
dem Königssohn, der ihm den goldenen Schuh reichte. Dann   15
setzte es sich auf einen Schemel, zog den Fuß aus dem schweren
Holzschuh und steckte ihn in den Pantoffel: der war wie angegossen. Und als es sich in die Höhe richtete, und der König ihm
ins Gesicht sah, so erkannte er das schöne Mädchen, das mit
ihm getanzt hatte, und rief:»das ist die rechte Braut!« Die Stief-   20
mutter und die beiden Schwestern erschraken und wurden
bleich vor Ärger: er aber nahm Aschenputtel aufs Pferd und ritt
mit ihm fort. Als sie an dem Haselbäumchen vorbeikamen, riefen die zwei weißen Täubchen:
»rucke di guck, rucke di guck,   25
kein Blut ist im Schuck:
Der Schuck ist nicht zu klein,
die rechte Braut, die führt er heim.«
Und als sie das gerufen hatten, kamen sie beide herabgeflogen
und setzten sich dem Aschenputtel auf die Schultern, eine   30
rechts, die andere links, und blieben da sitzen.
    Als die Hochzeit mit dem Königssohn sollte gehalten wer-
den, kamen die falschen Schwestern, wollten sich einschmei-
cheln und teil an seinem Glück nehmen. Als die Brautleute nun
zur Kirche gingen, war die älteste zur rechten, die jüngste zur   35

4. an . . . war had stained the white stockings quite red   11. das . . . lassen she is
not fit to be seen   12. Er . . . haben But he absolutely insisted   17. der . . . angegossen which fitted like a glove   33. wollten . . . nehmen wanted to curry favor
(with Cinderella) and share her good fortune

linken Seite: da pickten die Tauben einer jeden das eine Auge
aus. Hernach, als sie herausgingen, war die älteste zur linken
und die jüngste zur rechten: da pickten die Tauben einer jeden
das andere Auge aus. Und waren sie also für ihre Bosheit und

5   Falschheit mit Blindheit auf ihr Lebtag gestraft.

1. *da . . . aus* the pigeons picked out an eye from each of them   4. *Und . . . gestraft*
And thus, for their wickedness and falsehood, they were punished with blindness for the
rest of their lives

Sneewittchen

Es war einmal mitten im Winter, und die Schneeflocken fielen
wie Federn vom Himmel herab, da saß eine Königin an einem
Fenster, das einen Rahmen von schwarzem Ebenholz hatte,
und nähte. Und wie sie so nähte und nach dem Schnee auf-
blickte, stach sie sich mit der Nadel in den Finger, und es fielen
drei Tropfen Blut in den Schnee. Und weil das Rote im weißen
Schnee so schön aussah, dachte sie bei sich: »hätt' ich ein Kind
so weiß wie Schnee, so rot wie Blut und so schwarz wie das
Holz an dem Rahmen.« Bald darauf bekam sie ein Töchterlein,
das war so weiß wie Schnee, so rot wie Blut und so schwarzhaa-

1. *Sneewittchen* . . . Low German for *Schneeweißchen* 8. *hätt'* . . . *Kind = wenn ich
ein Kind hätte*

rig wie Ebenholz und ward darum das Sneewittchen (Schneeweißchen) genannt. Und wie das Kind geboren war, starb die
Königin.

Über ein Jahr nahm sich der König eine andere Gemahlin. Es
war eine schöne Frau, aber sie war stolz und übermütig und
konnte nicht leiden, daß sie an Schönheit von jemand sollte
übertroffen werden. Sie hatte einen wunderbaren Spiegel,
wenn sie vor den trat und sich darin beschaute, sprach sie: .
»Spieglein, Spieglein an der Wand,
wer ist die schönste im ganzen Land?«
So antwortete der Spiegel:
»Frau Königin, Ihr seid die schönste im Land.«
Da war sie zufrieden; denn sie wußte, daß der Spiegel die Wahrheit sagte.

Sneewittchen aber wuchs heran und wurde immer schöner,
und als es sieben Jahr alt war, war es so schön wie der klare Tag
und schöner als die Königin selbst. Als diese einmal ihren Spiegel fragte:
»Spieglein, Spielglein an der Wand,
wer ist die schönst im ganzen Land?«
so antwortete er:
»Frau Königin, Ihr seid die schönste hier,
aber Sneewittchen ist tausendmal schöner als Ihr.«

Da erschrak die Königin und ward gelb und grün vor Neid.
Von Stund an, wenn sie Sneewittchen erblickte, kehrte sich ihr
das Herz im Leibe herum, so haßte sie das Mädchen. Und der
Neid und Hochmut wuchsen wie ein Unkraut in ihrem Herzen
immer höher, daß sie Tag und Nacht keine Ruhe mehr hatte.
Da rief sie einen Jäger und sprach:»bring das Kind hinaus in
den Wald, ich will's nicht mehr vor meinen Augen sehen. Du
sollst es töten und mir Lunge und Leber zum Wahrzeichen mit-
bringen.« Der Jäger gehorchte und führte es hinaus, und als er
den Hirschfänger gezogen hatte und Sneewittchens unschuldi-
ges Herz durchbohren wollte, fing es an zu weinen und sprach:

4. *Über . . . Jahr* A year later 6. *daß . . . werden* that anyone else should surpass
her in beauty 25. *ward . . . Neid* turned yellow and green with envy 26. *Von . . .
an* From that hour *kehrte . . . Mädchen* her heart turned over in her breast
because she hated the girl so much

»ach, lieber Jäger, laß mir mein Leben; ich will in den wilden Wald laufen und nimmermehr wieder heimkommen.« Und weil es so schön war, hatte der Jäger Mitleiden und sprach: »so lauf hin, du armes Kind. – Die wilden Tiere werden dich bald gefressen haben«, dachte er, und doch war's ihm, als wär' ein Stein von seinem Herzen gewälzt, weil er es nicht zu töten brauchte. Und als gerade ein junger Frischling dahergesprungen kam, stach er ihn ab, nahm Lunge und Leber heraus und brachte sie als Wahrzeichen der Königin mit. Der Koch mußte sie in Salz kochen, und das boshafte Weib aß sie auf und meinte, sie hätte Sneewittchens Lunge und Leber gegessen.

Nun war das arme Kind in dem großen Wald mutterseelig allein, und ward ihm so angst, daß es alle Blätter an den Bäumen ansah und nicht wußte, wie es sich helfen sollte. Da fing es an zu laufen und lief über die spitzen Steine und durch die Dornen, und die wilden Tiere sprangen an ihm vorbei, aber sie taten ihm nichts. Es lief, solange nur die Füße noch fort konnten, bis es bald Abend werden wollte; da sah es ein kleines Häuschen und ging hinein, sich zu ruhen. In dem Häuschen war alles klein, aber so zierlich und reinlich, daß es nicht zu sagen ist. Da stand ein weißgedecktes Tischlein mit sieben kleinen Tellern, jedes Tellerlein mit seinem Löffelein, ferner sieben Messerlein und Gäblein und sieben Becherlein. An der Wand waren sieben Bettlein nebeneinander aufgestellt und schneeweiße Laken darüber gedeckt. Sneewittchen, weil es so hungrig und durstig war, aß von jedem Tellerlein ein wenig Gemüs und Brot und trank aus jedem Becherlein einen Tropfen Wein; denn es wollte nicht einem allein alles wegnehmen. Hernach, weil es so müde war, legte es sich in ein Bettchen, aber keins paßte; das eine war zu lang, das andere zu kurz, bis endlich das siebente recht war: und darin blieb es liegen, befahl sich Gott und schlief ein.

Als es ganz dunkel geworden war, kamen die Herren von dem Häuslein: das waren die sieben Zwerge, die in den Bergen nach Erz hackten und gruben. Sie zündeten ihre sieben Lichtlein an, und wie es nun hell im Häuslein ward, sahen sie, daß je-

---

5. *doch . . . gewälzt* he felt as if a great weight had been taken off his heart 7. *ein . . . kam* a young boar came running along 12. *mutterseelig allein* all alone 17. *solange . . . konnten* as long as her feet would carry her 20. *daß . . . ist* beyond description 31. *befahl . . . Gott* entrusted herself to God (i.e. said her prayer)

mand darin gewesen war; denn es stand nicht alles so in der Ordnung, wie sie es verlassen hatten. Der erste sprach: »wer hat auf meinem Stühlchen gesessen?« Der zweite: »wer hat von meinem Tellerchen gegessen?« Der dritte: »wer hat von meinem Brötchen genommen?« Der vierte: »wer hat von meinem Gemüschen gegessen?« Der fünfte: »wer hat mit meinem Gäbelchen gestochen?« Der sechste: »wer hat mit meinem Messerchen geschnitten?« Der siebente: »wer hat aus meinem Becherlein getrunken?« Dann sah sich der erste um und sah, daß auf seinem Bett eine kleine Delle war; da sprach er: »wer hat in mein Bettchen getreten?« Die andern kamen gelaufen und riefen: »in meinem hat auch jemand gelegen.« Der siebente aber, als er in sein Bett sah, erblickte Sneewittchen, das lag darin und schlief. Nun rief er die andern, die kamen herbeigelaufen und schrieen vor Verwunderung, holten ihre sieben Lichtlein und beleuchteten Sneewittchen. »Ei, du mein Gott! ei, du mein Gott!« riefen sie, »was ist das Kind so schön!« und hatten so große Freude, daß sie es nicht aufweckten, sondern im Bettlein fortschlafen ließen. Der siebente Zwerg aber schlief bei seinen Gesellen, bei jedem eine Stunde: da war die Nacht herum.

Als es Morgen war, erwachte Sneewittchen, und wie es die sieben Zwerge sah, erschrak es. Sie waren aber freundlich und fragten: »wie heißt du?« – »Ich heiße Sneewittchen«, antwortete es. »Wie bist du in unser Haus gekommen?« sprachen weiter die Zwerge. Da erzählte es ihnen, daß seine Stiefmutter es hätte wollen umbringen lassen, der Jäger hätte ihm aber das Leben geschenkt, und da wär' es gelaufen den ganzen Tag, bis es endlich ihr Häuslein gefunden hätte. Die Zwerge sprachen: »willst du unsern Haushalt versehen, kochen, betten, waschen, nähen und stricken, und willst du alles ordentlich und reinlich halten, so kannst du bei uns bleiben, und es soll dir an nichts fehlen.« – »Ja«, sagte Sneewittchen, »von Herzen gern«, und blieb bei ihnen. Es hielt ihnen das Haus in Ordnung: Morgens gingen sie in die Berge und suchten Erz und Gold, abends kamen sie wieder, und da mußte ihr Essen bereit sein. Den Tag

---

9. *Dann . . . um* Then the first one looked around 17. *was . . . schön* how beautiful the child is 20. *da . . . herum* so the night passed 25. *daß . . . lassen* that her stepmother had wished to have her killed 29. *willst . . . versehen* if you will keep house for us 31. *es . . . fehlen* you shall not want for anything 32. *von . . . gern* with all my heart 35. *Den . . . über* During the day

über war das Mädchen allein; da warnten es die guten Zwerglein und sprachen: »hüte dich vor deiner Stiefmutter, die wird bald wissen, daß du hier bist; laß ja niemand herein.«

Die Königin aber, nachdem sie Sneewittchens Lunge und Leber glaubte gegessen zu haben, dachte nicht anders als, sie wäre wieder die erste und allerschönste, trat vor ihren Spiegel und sprach:

»Spieglein, Spieglein an der Wand,
wer ist die schönste im ganzen Land?«

Da antwortete der Spiegel:

»Frau Königin, Ihr seid die schönste hier,
aber Sneewittchen über den Bergen
bei den sieben Zwergen
ist noch tausendmal schöner als Ihr.«

Da erschrak sie; denn sie wußte, daß der Spiegel keine Unwahr-

5. *dachte . . . allerschönste* could not but think that she was again the first and fairest

heit sprach, und merkte, daß der Jäger sie betrogen hatte, und Sneewittchen noch am Leben war. Und da sann und sann sie aufs neue, wie sie es umbringen wollte; denn, solange sie nicht die schönste war im ganzen Land, ließ ihr der Neid keine Ruhe. Und als sie sich endlich etwas ausgedacht hatte, färbte sie sich das Gesicht und kleidete sich wie eine alte Krämerin und war ganz unkenntlich. In dieser Gestalt ging sie über die sieben Berge zu den sieben Zwergen, klopfte an die Türe und rief: »schöne Ware feil! feil!« Sneewittchen guckte zum Fenster heraus und rief: »guten Tag, liebe Frau, was habt Ihr zu verkaufen?« – »Gute Ware, schöne Ware«, antwortete sie, »Schnürriemen von allen Farben«, und holte einen hervor, der aus bunter Seide geflochten war. »Die ehrliche Frau kann ich herein lassen«, dachte Sneewittchen, riegelte die Türe auf und kaufte sich den hübschen Schnürriemen. »Kind«, sprach die Alte, »wie du aussiehst! komm, ich will dich einmal ordentlich schnüren.« Sneewittchen hatte kein Arg, stellte sich vor sie und ließ sich mit dem neuen Schnürriemen schnüren: aber die Alte schnürte geschwind und schnürte so fest, daß dem Sneewittchen der Atem verging, und es für tot hinfiel. »Nun bist du die schönste gewesen«, sprach sie und eilte hinaus.

Nicht lange darauf, zur Abendzeit, kamen die sieben Zwerge nach Haus, aber wie erschraken sie, als sie ihr liebes Sneewittchen auf der Erde liegen sahen; und es regte und bewegte sich nicht, als wäre es tot. Sie hoben es in die Höhe, und weil sie sahen, daß es zu fest geschnürt war, schnitten sie den Schnürriemen entzwei: das fing es an ein wenig zu atmen und ward nach und nach wieder lebendig. Als die Zwerge hörten, was geschehen war, sprachen sie: »die alte Krämerfrau war niemand als die gottlose Königin: hüte dich und laß keinen Menschen herein, wenn wir nicht bei dir sind.«

Das böse Weib aber, als es nach Haus gekommen war, ging vor den Spiegel und fragte:

»Spieglein, Spieglein an der Wand,
wer ist die schönste im ganzen Land?«

4. *ließ . . . Ruhe* envy left her no rest 9. *schöne . . . feil* pretty wares [to sell] cheap, cheap 15. *wie . . . schnüren* how you look! come, I will lace you properly for once 19. *daß . . . hinfiel* that it took Snow White's breath away and she fell down as if dead 22. *Nicht . . . darauf* Not long afterwards 25. *als . . . tot* as though she were dead 27. *ward . . . lebendig* little by little she returned to life

Da antwortete er wie sonst:
»Frau Königin, Ihr seid die schönste hier,
aber Sneewittchen über den Bergen
bei den sieben Zwergen
ist noch tausendmal schöner als Ihr.« 5
Als sie das hörte, lief ihr alles Blut zum Herzen, so erschrak sie;
denn sie sah wohl, daß Sneewittchen wieder lebendig geworden
war. »Nun aber«, sprach sie, »will ich etwas aussinnen, daß
dich zu Grunde richten soll«, und mit Hexenkünsten, die sie
verstand, machte sie einen giftigen Kamm. Dann verkleidete sie 10
sich und nahm die Gestalt eines andern alten Weibes an. So ging
sie hin über die sieben Berge zu den sieben Zwergen, klopfte an
die Türe und rief: »gute Ware feil!feil!« Sneewittchen schaute
heraus und sprach: »geht nur weiter, ich darf niemand herein-
lassen.« – »Das Ansehen wird dir doch erlaubt sein«, sprach die 15
Alte, zog den giftigen Kamm heraus und hielt ihn in die Höhe.
Da gefiel er dem Kinde so gut, daß es sich betören ließ und die
Türe öffnete. Als sie des Kaufs einig waren, sprach die Alte:
»nun will ich dich einmal ordentlich kämmen.« Das arme Sneewittchen dachte an nichts und ließ die Alte gewähren, aber 20
kaum hatte sie den Kamm in die Haare gesteckt, als das Gift
darin wirkte, und das Mädchen ohne Besinnung niederfiel.
»Du Ausbund von Schönheit«, sprach das boshafte Weib,
»jetzt ist's um dich geschehen«, und ging fort. Zum Glück aber
war es bald Abend, wo die sieben Zwerglein nach Haus kamen. 25
Als sie Sneewittchen wie tot auf der Erde liegen sahen, hatten
sie gleich die Stiefmutter in Verdacht, suchten nach und fanden
den giftigen Kamm, und kaum hatten sie ihn herausgezogen, so
kam Sneewittchen wieder zu sich und erzählte, was vorgegan-
gen war. Da warnten sie es noch einmal, auf seiner Hut zu sein 30
und niemand die Türe zu öffnen.
Die Königin stellte sich daheim vor den Spiegel und sprach:
»Spieglein, Spieglein an der Wand,
wer ist die schönste im ganzen Land?«
Da antwortete er wie vorher: 35

6. *lief . . . sie* all her blood rushed to her heart from fear 8. *das . . . soll* that shall
put an end to you 15. *Das . . . sein* But you are allowed to look, aren't you 17. *daß
. . . ließ* that she allowed herself to be beguiled 18. *Als . . . waren* When they had
made the bargain 20. *ließ . . . gewähren* let the old woman do what she wanted
24. *jetzt . . . geschehen* this is the end of you 30. *auf . . . sein* to be on her guard

»Frau Königin, Ihr seid die schönste hier,
aber Sneewittchen über den Bergen
bei den sieben Zwergen
ist doch noch tausendmal schöner als Ihr.«
Als sie den Spiegel so reden hörte, zitterte und bebte sie vor
Zorn. »Sneewittchen soll sterben«, rief sie, »und wenn es mein
eignes Leben kostet.« Darauf ging sie in eine ganz verborgene
einsame Kammer, wo niemand hinkam, und machte da einen
giftigen giftigen Apfel. Äußerlich sah er schön aus, weiß mit roten Backen, daß jeder, der ihn erblickte, Lust danach bekam,
aber wer ein Stückchen davon aß, der mußte sterben. Als der
Apfel fertig war, färbte sie sich das Gesicht und verkleidete sich
in eine Bauersfrau, und so ging sie über die sieben Berge zu den
sieben Zwergen. Sie klopfte an, Sneewittchen streckte den
Kopf zum Fenster heraus und sprach: »ich darf keinen Menschen einlassen, die sieben Zwerge haben mir's verboten.« –
»Mir auch recht«, antwortete die Bäurin, »meine Äpfel will ich
schon los werden. Da, einen will ich dir schenken.« – »Nein«,
sprach Sneewittchen, »ich darf nichts annehmen.« – »Fürchtest
du dich vor Gift?« sprach die Alte, »siehst du, da schneide ich
den Apfel in zwei Teile; den roten Backen iß du, den weißen
will ich essen.« Der Apfel war aber so künstlich gemacht, daß
der rote Backen allein vergiftet war. Schneewittchen lusterte
den schönen Apfel an, und als es sah, daß die Bäurin davon aß,
so konnte es nicht länger widerstehen, streckte die Hand hinaus
und nahm die giftige Hälfte. Kaum aber hatte es einen Bissen
davon im Mund, so fiel es tot zur Erde nieder. Da betrachtete es
die Königin mit grausigen Blicken und lachte überlaut und
sprach: »weiß wie Schnee, rot wie Blut, schwarz wie Ebenholz!
diesmal können dich die Zwerge nicht wieder erwecken.« Und
als sie daheim den Spiegel befragte:
»Spieglein, Spieglein an der Wand,
wer ist die schönste im ganzen Land?«
so antwortete er endlich:
»Frau Königin, Ihr seid die schönste im Land.«

10. *daß . . . bekam* that anyone who saw it longed for it 17. *Mir . . . recht* That is
all right with me 19. *Fürchtest . . . Gift* Are you afraid of poison?

Da hatte ihr neidisches Herz Ruhe, so gut ein neidisches Herz Ruhe haben kann.

Die Zwerglein, wie sie abends nach Haus kamen, fanden Sneewittchen auf der Erde liegen, und es ging kein Atem mehr aus seinem Mund, und es war tot. Sie hoben es auf, suchten, ob sie was Giftiges fänden, schnürten es auf, kämmten ihm die Haare, wuschen es mit Wasser und Wein, aber es half alles nichts; das liebe Kind war tot und blieb tot. Sie legten es auf eine Bahre und setzten sich alle siebene daran und beweinten es und weinten drei Tage lang. Da wollten sie es begraben, aber es sah noch so frisch aus wie ein lebender Mensch und hatte noch seine schönen roten Backen. Sie sprachen: »das können wir nicht in die schwarze Erde versenken«, und ließen einen durchsichtigen Sarg von Glas machen, daß man es von allen Seiten sehen konnte, legten es hinein und schrieben mit goldenen Buchstaben seinen Namen darauf und, daß es eine Königstochter wäre. Dann setzten sie den Sarg hinaus auf den Berg, und einer von ihnen blieb immer dabei und bewachte ihn. Und die Tiere kamen auch und beweinten Sneewittchen, erst eine Eule, dann ein Rabe, zuletzt ein Täubchen.

Nun lag Sneewittchen lange lange Zeit in dem Sarg und verweste nicht, sondern sah aus, als wenn es schliefe; denn es war noch so weiß als Schnee, so rot als Blut und so schwarzhaarig wie Ebenholz. Es geschah aber, daß ein Königssohn in den Wald geriet und zu dem Zwergenhaus kam, da zu übernachten. Er sah auf dem Berg den Sarg und das schöne Sneewittchen darin und las, was mit goldenen Buchstaben darauf geschrieben war. Da sprach er zu den Zwergen: »laßt mir den Sarg, ich will

2. *so ... kann* so far as an envious heart can have peace 5. *ob ... fänden* whether they could find anything poisonous 13. *ließen ... machen* they had a transparent coffin of glass made 21. *verweste nicht* did not change (literally: "decompose") 28. *laßt ... Sarg* let me have the coffin

euch geben, was ihr dafür haben wollt.« Aber die Zwerge antworteten: »wir geben ihn nicht um alles Gold in der Welt.« Da sprach er: »so schenkt mir ihn; denn ich kann nicht leben, ohne Sneewittchen zu sehen, ich will es ehren und hochachten wie mein Liebstes.« Wie er so sprach, empfanden die guten Zwerglein Mitleiden mit ihm und gaben ihm den Sarg. Der Königssohn ließ ihn nun von seinen Dienern auf den Schultern forttragen. Da geschah es, daß sie über einen Strauch stolperten, und von dem Schüttern fuhr der giftige Apfelgrütz, den Sneewittchen abgebissen hatte, aus dem Hals. Und nicht lange, so öffnete es die Augen, hob den Deckel vom Sarg in die Höhe und richtete sich auf und war wieder lebendig. »Ach Gott, wo bin ich?« rief es. Der Königssohn sagte voll Freude: »du bist bei mir«, und erzählte, was sich zugetragen hatte, und sprach: »ich habe dich lieber als alles auf der Welt; komm mit mir in meines Vaters Schloß, du sollst meine Gemahlin werden.« Da war ihm Sneewittchen gut und ging mit ihm, und ihre Hochzeit ward mit großer Pracht und Herrlichkeit angeordnet.

2. *um . . . Welt* for all the gold in the world 9. *von . . . Hals* from the shock the poisonous piece of apple which Snow White had bitten off flew out of her throat 14. *was . . . hatte* what had happened 16. *Da . . . gut* Snow White loved him

Zu dem Fest wurde aber auch Sneewittchens gottlose Stiefmutter eingeladen. Wie sie sich nun mit schönen Kleidern ange-
tan hatte, trat sie vor den Spiegel und sprach:
»Spieglein, Spieglein an der Wand,
    wer ist die schönste im ganzen Land?«   *5*
Der Spiegel antwortete:
»Frau Königin, Ihr seid die schönste hier,
    aber die junge Königin ist tausendmal schöner als Ihr.«
Da stieß das böse Weib einen Fluch aus, und ward ihr so angst,
so angst, daß sie sich nicht zu lassen wußte. Sie wollte zuerst gar   *10*
nicht auf die Hochzeit kommen: doch ließ es ihr keine Ruhe, sie
mußte fort und die junge Königin sehen. Und wie sie hinein-
trat, erkannte sie Sneewittchen, und vor Angst und Schrecken
stand sie da und konnte sich nicht regen. Aber es waren schon
eiserne Pantoffeln über Kohlenfeuer gestellt und wurden mit   *15*
Zangen hereingetragen und vor sie hingestellt. Da mußte sie in
die rotglühenden Schuhe treten und so lange tanzen, bis sie tot
zur Erde fiel.

2. *Wie . . . hatte* When she had arrayed herself in beautiful clothes 9. *Da . . .*
wußte Then the wicked woman uttered a curse and was so afraid, so afraid, that she
knew not what to do 11. *doch . . . fort* but she had no peace, she had to
go . 14. *Aber . . . gestellt* But iron slippers had already been put on the fire

Der Froschkönig oder der eiserne Heinrich

In den alten Zeiten, wo das Wünschen noch geholfen hat, lebte ein König, dessen Töchter waren alle schön, aber die jüngste war so schön, daß die Sonne selber, die doch so vieles gesehen hat, sich verwunderte, sooft sie ihr ins Gesicht schien. Nahe bei dem Schlosse des Königs lag ein großer dunkler Wald, und in dem Walde unter einer alten Linde war ein Brunnen: wenn nun der Tag recht heiß war, so ging das Königskind hinaus in den Wald und setzte sich an den Rand des kühlen Brunnens: und wenn sie Langeweile hatte, so nahm sie eine goldene Kugel, warf sie in die Höhe und fing sie wieder; und das war ihr liebstes Spielwerk.

Nun trug es sich einmal zu, daß die goldene Kugel der Königstochter nicht in ihr Händchen fiel, das sie in die Höhe gehalten hatte, sondern vorbei auf die Erde schlug und geradezu ins Wasser hineinrollte. Die Königstochter folgte ihr mit den Augen nach, aber die Kugel verschwand, und der Brunnen war tief, so tief, daß man keinen Grund sah. Da fing sie an zu wei-

2. *wo* . . . *hat* when wishes still came true 5. *daß* . . . *schien* that the sun itself, which has seen so much, marveled every time it shone in her face 12. *ihr* . . . *Spielwerk* her favorite toy 16. *sondern* . . . *hineinrollte* but missed, fell to the ground and rolled straight into the water

nen und weinte immer lauter und konnte sich gar nicht trösten.
Und wie sie so klagte, rief ihr jemand zu: »was hast du vor, Königstochter, du schreist ja, daß sich ein Stein erbarmen
möchte.« Sie sah sich um, woher die Stimme käme, da erblickte
sie einen Frosch, der seinen dicken häßlichen Kopf aus dem   *5*
Wasser streckte. »Ach, du bist's, alter Wasserpatscher«, sagte
sie, »ich weine über meine goldene Kugel, die mir in den Brunnen hinabgefallen ist.« – »Sei still und weine nicht«, antwortete
der Frosch, »ich kann wohl Rat schaffen, aber was gibst du mir,
wenn ich dein Spielwerk wieder heraufhole?« – »Was du haben   *10*
willst, lieber Frosch«, sagte sie, »meine Kleider, meine Perlen
und Edelsteine, auch noch die goldene Krone, die ich trage.«
Der Frosch antwortete: »deine Kleider, deine Perlen und Edelsteine und deine goldene Krone, die mag ich nicht: aber wenn
du mich lieb haben willst, und ich soll dein Geselle und Spielka-   *15*
merad sein, an deinem Tischlein neben dir sitzen, von deinem
goldenen Tellerlein essen, aus deinem Becherlein trinken, in
deinem Bettlein schlafen: wenn du mir das versprichst, so will
ich hinuntersteigen und dir die goldene Kugel wieder heraufho-

1. *weinte . . . trösten* cried louder and louder and could not console herself 2. *was
. . . vor* what are you up to 3. *daß . . . möchte* that even a rock would show pity
4. *Sie . . . käme* She turned around to see where the voice was coming from 6. *Wasserpatscher* Water Splasher (the use of colorful, often humorously descriptive epithets
for animals is not uncommon in fairy tales) 9. *ich . . . schaffen* I can help you

len.« – »Ach ja«, sagte sie, »ich verspreche dir alles, was du willst, wenn du mir nur die Kugel wiederbringst.« Sie dachte aber: »was der einfältige Frosch schwätzt, der sitzt im Wasser bei seinesgleichen und quakt und kann keines Menschen Geselle sein.«

Der Frosch, als er die Zusage erhalten hatte, tauchte seinen Kopf unter, sank hinab, und über ein Weilchen kam er wieder herauf gerudert, hatte die Kugel im Maul und warf sie ins Gras. Die Königstochter war voll Freude, als sie ihr schönes Spielwerk wieder erblickte, hob es auf und sprang damit fort. »Warte, warte«, rief der Frosch, »nimm mich mit, ich kann nicht so laufen wie du.« Aber was half ihm, daß er ihr sein quak quak so laut nachschrie, als er konnte! Sie hörte nicht darauf, eilte nach Haus und hatte bald den armen Frosch vergessen, der wieder in seinen Brunnen hinabsteigen mußte.

Am andern Tage, als sie mit dem König und allen Hofleuten sich zur Tafel gesetzt hatte und von ihrem goldenen Tellerlein aß, da kam, plitsch platsch, plitsch platsch, etwas die Marmortreppe heraufgekrochen, und als es oben angelangt war, klopfte es an der Tür und rief: »Königstochter, jüngste, mach mir auf.« Sie lief und wollte sehen, wer draußen wäre, als sie aber aufmachte, so saß der Frosch davor. Da warf sie die Tür hastig zu, setzte sich wieder an den Tisch, und war ihr ganz angst. Der König sah wohl, daß ihr das Herz gewaltig klopfte, und sprach: »mein Kind, was fürchtest du dich, steht etwa ein Riese vor der Tür und will dich holen?« – »Ach nein«, antwortete sie, »es ist kein Riese, sondern ein garstiger Frosch.« – »Was will der Frosch von dir?« – »Ach lieber Vater, als ich gestern im Wald bei dem Brunnen saß und spielte, da fiel meine goldene Kugel ins Wasser. Und weil ich so weinte, hat sie der Frosch wieder heraufgeholt, und weil er es durchaus verlangte, so versprach ich ihm, er sollte mein Geselle werden, ich dachte aber nimmermehr, daß er aus seinem Wasser heraus könnte. Nun ist er draußen und will zu mir herein.« Indem klopfte es zum zweitenmal und rief:

3. *was . . . schwätzt* what rubbish the silly frog is talking   4. *bei seinesgleichen* with his own kind   6. *als . . . hatte* when he had extracted the promise   7. *über . . . heraufgerudert* after a short while he came paddling up again   12. *daß . . . konnte* that he shouted his croak, croak after her as loudly as he could   16. *Am . . . Tage* The next day   19. *als . . . war* when it had reached the top   23. *war . . . angst* she was very frightened   24. *daß . . . klopfte* that her heart was beating rapidly   31. *weil . . . verlangte* because he absolutely insisted   33. *daß . . . herauskönnte* that he could get out of the water   34. *will . . . herein* add: *-kommen*

»Königstochter, jüngste,
mach mir auf,
weißt du nicht, was gestern
du zu mir gesagt
bei dem kühlen Brunnenwasser?   *5*
Königstochter, jüngste,
mach mir auf.«

Da sagte der König:»was du versprochen hast, das mußt du
auch halten; geh nur und mach ihm auf.« Sie ging und öffnete
die Türe, da hüpfte der Frosch herein, ihr immer auf dem Fuße   *10*
nach, bis zu ihrem Stuhl. Da saß er und rief:»heb mich herauf
zu dir.« Sie zauderte, bis es endlich der König befahl. Als der
Frosch erst auf dem Stuhl war, wollte er auf den Tisch, und als
er da saß, sprach er:»nun schieb mir dein goldenes Tellerlein
näher, damit wir zusammen essen.« Das tat sie zwar, aber man   *15*
sah wohl, daß sie's nicht gerne tat. Der Frosch ließ sich's gutschmecken, aber ihr blieb fast jedes Bißlein im Halse. Endlich
sprach er:»ich habe mich satt gegessen und bin müde, nun trag
mich in dein Kämmerlein, und mach dein seiden Bettlein zurecht, da wollen wir uns schlafen legen.« Die Königstochter   *20*
fing an zu weinen und fürchtete sich vor dem kalten Frosch,
den sie nicht anzurühren getraute, und der nun in ihrem schönen reinen Bettlein schlafen sollte. Der König aber ward zornig
und sprach:»Wer dir geholfen hat, als du in der Not warst, den
sollst du hernach nicht verachten.« Da packte sie ihn mit zwei   *25*
Fingern, trug ihn hinauf und setzte ihn in eine Ecke. Als sie aber
im Bett lag, kam er gekrochen und sprach:»ich bin müde, ich
will schlafen so gut wie du: heb mich herauf, oder ich sag's deinem Vater.« Da ward sie erst bitterböse, holte ihn herauf und
warf ihn aus allen Kräften wider die Wand:»nun wirst du Ruhe *30*
haben, du garstiger Frosch.«

Als er aber herabfiel, war er kein Frosch, sondern ein Königssohn mit schönen und freundlichen Augen. Der war nun
nach ihres Vaters Willen ihr lieber Geselle und Gemahl. Da erzählte er ihr, er wäre von einer bösen Hexe verwünscht wor-   *35*

---

8. *das . . . halten* you must keep   10. *ihr . . . nach* following at her heels   16. *Der
. . . Halse* The frog ate with great appetite, but she almost choked on every
bite   18. *ich . . . satt gegessen* I have had enough now   19. *mach . . .
zurecht* make ready your little silken bed   22. *den . . . getraute* whom she did not
dare to touch   29. *Da . . . Wand* Then, at last, she became furious, picked him up
and threw him with all her might against the wall   34. *nach . . . Willen* according to
the will of her father

den, und niemand hätte ihn aus dem Brunnen erlösen können
als sie allein, und morgen wollten sie zusammen in sein Reich
gehen. Dann schliefen sie ein, und am andern Morgen, als die
Sonne sie aufweckte, kam ein Wagen herangefahren mit acht
5   weißen Pferden bespannt, die hatten weiße Straußfedern auf
dem Kopf und gingen in goldenen Ketten, und hinten stand der
Diener des jungen Königs, das war der treue Heinrich. Der
treue Heinrich hatte sich so betrübt, als sein Herr war in einen
Frosch verwandelt worden, daß er drei eiserne Bande hatte um
10   sein Herz legen lassen, damit es ihm nicht vor Weh und Traurigkeit zerspränge. Der Wagen aber sollte den jungen König in
sein Reich abholen; der treue Heinrich hob beide hinein, stellte
sich wieder hinten auf und war voller Freude über die Erlösung.
Und als sie ein Stück Wegs gefahren waren, hörte der Königs-
15   sohn, daß es hinter ihm krachte, als wäre etwas zerbrochen. Da
drehte er sich um und rief:
          »Heinrich, der Wagen bricht.«
          »Nein, Herr, der Wagen nicht,
          es ist ein Band von meinem Herzen,
20   das da lag in großen Schmerzen,
          als ihr in dem Brunnen saßt,
          als ihr eine Fretsche (Frosch) wast (wart).«
     Noch einmal und noch einmal krachte es auf dem Weg, und
der Königssohn meinte immer, der Wagen bräche, und es wa-
25   ren doch nur die Bande, die vom Herzen des treuen Heinrich
absprangen, weil sein Herr erlöst und glücklich war.

1. *niemand . . . allein*   no one could have released him from the well except her
10. *damit . . . zerspränge*   so that it would not burst with pain and sorrow   15. *daß
. . . zerbrochen*   that something snapped behind him as if something had broken

Hänsel und Gretel

Vor einem großen Walde wohnte ein armer Holzhacker mit seiner Frau und seinen zwei Kindern; das Bübchen hieß Hänsel
und das Mädchen Gretel. Er hatte wenig zu beißen und zu brechen, und einmal, als große Teuerung ins Land kam, konnte er
auch das täglich Brot nicht mehr schaffen. Wie er sich nun
abends im Bette Gedanken machte und sich vor Sorgen herumwälzte, seufzte er und sprach zu seiner Frau: »was soll aus uns
werden? Wie können wir unsere armen Kinder ernähren, da
wir für uns selbst nichts mehr haben?« – »Weißt du was,
Mann«, antwortete die Frau, »wir wollen morgen in aller Frühe
die Kinder hinaus in den Wald führen, wo er am dicksten ist: da
machen wir ihnen ein Feuer an und geben jedem noch ein
Stückchen Brot; dann gehen wir an unsere Arbeit und lassen sie
allein. Sie finden den Weg nicht wieder nach Haus, und wir sind
sie los.« – »Nein, Frau«, sagte der Mann, »das tue ich nicht; wie
sollt' ich's übers Herz bringen, meine Kinder im Walde allein
zu lassen; die wilden Tiere würden bald kommen und sie zerreißen.« – »O du Narr«, sagte sie, »dann müssen wir alle viere
Hungers sterben, du kannst nur die Bretter für die Särge hobelen«, und ließ ihm keine Ruhe, bis er einwilligte. »Aber die armen Kinder dauern mich doch«, sagte der Mann.
　　Die zwei Kinder hatten vor Hunger auch nicht einschlafen

5

10

15

20

---

4. *Er . . . brechen* He had little to bite and break [bread] (i.e. little to live on)　7. *sich
. . . herumwälzte* tossed about in his worry　15. *wir . . . los* we shall be rid of them
16. *wie . . . bringen* how could I find it in my heart　20. *du . . . hobeln* you may as
well plane the planks for our coffins　21. *Aber . . . doch* But I do feel sorry for the
children

können und hatten gehört, was die Stiefmutter zum Vater gesagt hatte. Gretel weinte bittere Tränen und sprach zu Hänsel: »nun ist's um uns geschehen.« – »Still, Gretel«, sprach Hänsel, »gräme dich nicht, ich will uns schon helfen.« Und als die Alten eingeschlafen waren, stand er auf, zog sein Röcklein an, machte die Untertüre auf und schlich sich hinaus. Da schien der Mond ganz helle, und die weißen Kieselsteine, die vor dem Haus lagen, glänzten wie lauter Batzen. Hänsel bückte sich und steckte so viel in sein Rocktäschlein, als nur hinein wollten. Dann ging er wieder zurück, sprach zu Gretel: »sei getrost, liebes Schwesterchen, und schlaf nur ruhig ein, Gott wird uns nicht verlassen«, und legte sich wieder in sein Bett.

Als der Tag anbrach, noch ehe die Sonne aufgegangen war, kam schon die Frau und weckte die beiden Kinder: »steht auf, ihr Faulenzer, wir wollen in den Wald gehen und Holz holen.« Dann gab sie jedem ein Stückchen Brot und sprach: »da habt ihr etwas für den Mittag, aber eßt's nicht vorher auf, weiter kriegt ihr nichts.« Gretel nahm das Brot unter die Schürze, weil Hänsel die Steine in der Tasche hatte. Danach machten sie sich alle zusammen auf den Weg nach dem Wald. Als sie ein Weilchen gegangen waren, stand Hänsel still und guckte nach dem Haus zurück und tat das wieder und immer wieder. Der Vater sprach: »Hänsel, was guckst du da und bleibst zurück, hab acht und vergiß deine Beine nicht.« – »Ach, Vater«, sagte Hänsel, »ich sehe nach meinem weißen Kätzchen, das sitzt oben auf dem Dach und will mir Ade sagen.« Die Frau sprach: »Narr, das ist dein Kätzchen nicht, das ist die Morgensonne, die auf den Schornstein scheint.« Hänsel aber hatte nicht nach dem Kätzchen gesehen, sondern immer einen von den blanken Kieselsteinen aus seiner Tasche auf den Weg geworfen.

Als sie mitten in den Wald gekommen waren, sprach der Vater: »nun sammelt Holz, ihr Kinder, ich will ein Feuer anmachen, damit ihr nicht friert.« Hänsel und Gretel trugen Reisig zusammen, einen kleinen Berg hoch. Das Reisig ward angezündet, und als die Flamme recht hoch brannte, sagte die Frau:

---

3. *nun . . . geschehen* it's all over for us now   8. *glänzten . . . Batzen* glittered like real coins   *steckte . . . wollten* filled his little coat pocket with as many as it would hold   10. *sei getrost* take heart   17. *weiter . . . nichts* for you will get nothing else   23. *hab . . . nicht* pay attention and don't forget your legs, (i.e. hurry up)

»nun legt euch ans Feuer, ihr Kinder, und ruht euch aus, wir gehen in den Wald und hauen Holz. Wenn wir fertig sind, kommen wir wieder und holen euch ab.«

Hänsel und Gretel saßen am Feuer, und als der Mittag kam,
aß jedes sein Stücklein Brot. Und weil sie die Schläge der Holzaxt hörten, so glaubten sie, ihr Vater wäre in der Nähe. Es war
aber nicht die Holzaxt, es war ein Ast, den er an einen dürren
Baum gebunden hatte, und den der Wind hin und her schlug.
Und als sie so lange gesessen hatten, fielen ihnen die Augen vor
Müdigkeit zu, und sie schliefen fest ein. Als sie endlich erwachten, war es schon finstere Nacht. Gretel fing an zu weinen und
sprach: »wie sollen wir nun aus dem Wald kommen!« Hänsel
aber tröstete sie: »wart nur ein Weilchen, bis der Mond aufgegangen ist, dann wollen wir den Weg schon finden.« Und als
der volle Mond aufgestiegen war, so nahm Hänsel sein Schwesterchen an der Hand und ging den Kieselsteinen nach, die
schimmerten wie neu geschlagene Batzen und zeigten ihnen
den Weg. Sie gingen die ganze Nacht hindurch und kamen bei
anbrechendem Tag wieder zu ihres Vaters Haus. Sie klopften
an die Tür, und als die Frau aufmachte und sah, daß es Hänsel
und Gretel war, sprach sie: »ihr bösen Kinder, was habt ihr so
lange im Walde geschlafen, wir haben geglaubt, ihr wolltet gar
nicht wiederkommen.« Der Vater aber freute sich; denn es war
ihm zu Herzen gegangen, daß er sie so allein zurückgelassen
hatte.

Nicht lange danach war wieder Not in allen Ecken, und die
Kinder hörten, wie die Mutter nachts im Bette zu dem Vater
sprach: »alles ist wieder aufgezehrt, wir haben noch einen halben Laib Brot, hernach hat das Lied ein Ende. Die Kinder müssen fort, wir wollen sie tiefer in den Wald hineinführen, damit
sie den Weg nicht wieder heraus finden; es ist sonst keine Rettung für uns.« Dem Mann fiel's schwer aufs Herz, und er
dachte: »es wäre besser, daß du den letzten Bissen mit deinen
Kindern teiltest.« Aber die Frau hörte auf nichts, was er sagte,
schalt ihn und machte ihm Vorwürfe. Wer A sagt, muß auch B

9. *fielen . . . zu* their eyes closed with weariness   21. *was . . . geschlafen* why did
you sleep so long in the woods   26. *Nicht . . . Ecken* Not long afterwards there was
famine throughout the land again   29. *hernach . . . Ende* that will be the end   *Die
. . . fort* The children must go   31. *es . . . uns* there is no other way out for us
35. *machte . . . Vorwürfe* reproached him

sagen, und weil er das erste Mal nachgegeben hatte, so mußte er es auch zum zweitenmal.

Die Kinder waren aber noch wach gewesen und hatten das Gespräch mit angehört. Als die Alten schliefen, stand Hänsel wieder auf, wollte hinaus und Kieselsteine auflesen wie das vorige Mal, aber die Frau hatte die Tür verschlossen, und Hänsel konnte nicht heraus. Aber er tröstete sein Schwesterchen und sprach:»weine nicht, Gretel, und schlaf nur ruhig, der liebe Gott wird uns schon helfen.«

Am frühen Morgen kam die Frau und holte die Kinder aus dem Bette. Sie erhielten ihr Stückchen Brot, das war aber noch kleiner als das vorige Mal. Auf dem Wege nach dem Wald bröckelte es Hänsel in der Tasche, stand oft still und warf ein Bröcklein auf die Erde.»Hänsel, was stehst du und guckst dich um«, sagte der Vater,»geh deiner Wege.«–»Ich sehe nach meinem Täubchen, das sitzt auf dem Dache und will mir Ade sagen«, antwortete Hänsel.»Narr«, sagte die Frau,»das ist dein Täubchen nicht, das ist die Morgensonne, die auf den Schornstein oben scheint.« Hänsel aber warf nach und nach alle Bröcklein auf den Weg.

Die Frau führte die Kinder noch tiefer in den Wald, wo sie ihr Lebtag noch nicht gewesen waren. Da ward wieder ein großes Feuer angemacht, und die Mutter sagte:»bleibt nur da sitzen, ihr Kinder, und wenn ihr müde seid, könnt ihr ein wenig schlafen: wir gehen in den Wald und hauen Holz, und abends, wenn wir fertig sind, kommen wir und holen euch ab.« Als es Mittag war, teilte Gretel ihr Brot mit Hänsel, der sein Stück auf den Weg gestreut hatte. Dann schliefen sie ein, und der Abend verging, aber niemand kam zu den armen Kindern. Sie erwachten erst in der finstern Nacht, und Hänsel tröstete sein Schwesterchen und sagte:»wart nur, Gretel, bis der Mond aufgeht, dann werden wir die Brotbröcklein sehen, die ich ausgestreut habe, die zeigen uns den Weg nach Haus.« Als der Mond kam, machten sie sich auf, aber sie fanden kein Bröcklein mehr; denn die vieltausend Vögel, die im Walde und im Felde umherfliegen, die

15. *geh . . . Wege* go on 30. *Sie . . . Nacht* They did not awake until it was dark night 33. *machten . . . auf* they set out

hatten sie weggepickt. Hänsel sagte zu Gretel: »wir werden den Weg schon finden«, aber sie fanden ihn nicht. Sie gingen die ganze Nacht und noch einen Tag von Morgen bis Abend, aber sie kamen aus dem Wald nicht heraus und waren so hungrig; denn sie hatten nichts als die paar Beeren, die auf der Erde standen. Und weil sie so müde waren, daß die Beine sie nicht mehr tragen wollten, so legten sie sich unter einen Baum und schliefen ein.

Nun war's schon der dritte Morgen, daß sie ihres Vaters Haus verlassen hatten. Sie fingen wieder an zu gehen, aber sie gerieten immer tiefer in den Wald, und wenn nicht bald Hilfe kam, so mußten sie verschmachten. Als es Mittag war, sahen sie ein schönes schneeweißes Vöglein auf einem Ast sitzen, das sang so schön, daß sie stehen blieben und ihm zuhörten. Und als es fertig war, schwang es seine Flügel und flog vor ihnen her, und sie gingen ihm nach, bis sie zu einem Häuschen gelangten, auf dessen Dach es sich setzte, und als sie ganz nah heranka-

4. *denn . . . standen*   for they had nothing to eat but the few berries which grew on the ground

men, so sahen sie, daß das Häuslein aus Brot gebaut war und mit Kuchen gedeckt; aber die Fenster waren von hellem Zukker. »Da wollen wir uns dran machen«, sprach Hänsel, »und eine gesegnete Mahlzeit halten. Ich will ein Stück vom Dach essen, Gretel, du kannst vom Fenster essen, das schmeckt süß.« Hänsel reichte in die Höhe und brach sich ein wenig vom Dach ab, um zu versuchen, wie es schmeckte, und Gretel stellte sich an die Scheiben und knuperte daran. Da rief eine feine Stimme aus der Stube heraus:

>»knuper knuper kneischen,
>wer knupert an meinem Häuschen?«

Die Kinder antworteten:

>»der Wind, der Wind,
>das himmlische Kind«,

und aßen weiter, ohne sich irre machen zu lassen. Hänsel, dem das Dach sehr gut schmeckte, riß sich ein großes Stück davon herunter, und Gretel stieß eine ganze runde Fensterscheibe heraus, setzte sich nieder und tat sich wohl damit. Da ging auf einmal die Türe auf, und eine steinalte Frau, die sich auf eine Krücke stützte, kam herausgeschlichen.

Hänsel und Gretel erschraken so gewaltig, daß sie fallen ließen, was sie in den Händen hielten. Die Alte aber wackelte mit dem Kopfe und sprach: »ei, ihr lieben Kinder, wer hat euch hierher gebracht? Kommt nur herein und bleibt bei mir, es geschieht euch kein Leid.« Sie faßte beide an der Hand und führte sie in ihr Häuschen. Da ward gutes Essen aufgetragen, Milch und Pfannekuchen mit Zucker, Äpfel und Nüsse. Hernach wurden zwei schöne Bettlein weiß gedeckt, und Hänsel und Gretel legten sich hinein und meinten, sie wären im Himmel.

Die Alte hatte sich nur so freundlich angestellt, sie war aber eine böse Hexe, die den Kindern auflauerte, und hatte das Brothäuslein bloß gebaut, um sie herbeizulocken. Wenn eins in ihre Gewalt kam, so machte sie es tot, kochte es und aß es, und das war ihr ein Festtag. Die Hexen haben rote Augen und können nicht weit sehen, aber sie haben eine feine Witterung wie die

---

3. *Da . . . halten* We will set to work on that said Hänsel and have a proper meal   6. *Hänsel . . . Höhe* Hänsel reached up   10. *knuper . . . kneischen = knuspern;* to nibble; *Kneischen* has no meaning, it is just a rhyme word   15. *ohne . . . lassen* without letting themselves be bothered   18. *tat . . . damit* enjoyed it   24. *es . . . leid* no harm will come to you   30. *Die . . . angestellt* The old woman had only pretended to be so kind   33. *so . . . tot = so tötete sie es*

Tiere und merken's, wenn Menschen herankommen. Als Hänsel und Gretel in ihre Nähe kamen, da lachte sie boshaft und sprach höhnisch:»die habe ich, die sollen mir nicht wieder entwischen.« Früh morgens, ehe die Kinder erwacht waren, stand sie schon auf, und als sie beide so lieblich ruhen sah, mit den vollen roten Backen, so murmelte sie vor sich hin:»das wird ein guter Bissen werden.« Da packte sie Hänsel mit ihrer dürren Hand und trug ihn in einen kleinen Stall und sperrte ihn mit einer Gittertüre ein: er mochte schreien, wie er wollte, es half ihm nichts. Dann ging sie zur Gretel, rüttelte sie wach und rief: »steh auf, Faulenzerin, trag Wasser und koch deinem Bruder etwas Gutes, der sitzt draußen im Stall und soll fett werden. Wenn er fett ist, so will ich ihn essen.« Gretel fing an bitterlich zu weinen, aber es war alles vergeblich, sie mußte tun, was die böse Hexe verlangte.

Nun ward dem armen Hänsel das beste Essen gekocht, aber Gretel bekam nichts als Krebsschalen. Jeden Morgen schlich die Alte zu dem Ställchen und rief:»Hänsel, streck deine Finger heraus, damit ich fühle, ob du bald fett bist.« Hänsel streckte ihr aber ein Knöchlein heraus, und die Alte, die trübe Augen hatte, konnte es nicht sehen und meinte, es wären Hänsels Finger, und verwunderte sich, daß er gar nicht fett werden wollte. Als vier Wochen herum waren, und Hänsel immer mager blieb, da übernahm sie die Ungeduld, und sie wollte nicht länger warten.»Heda, Gretel«, rief sie dem Mädchen zu, »sei flink und trag Wasser: Hänsel mag fett oder mager sein, morgen will ich ihn schlachten und kochen.« Ach, wie jammerte das arme Schwesterchen, als es das Wasser tragen mußte, und wie flossen ihm die Tränen über die Backen herunter!»Lieber Gott, hilf uns doch«, rief sie aus, »hätten uns nur die wilden Tiere im Wald gefressen, so wären wir doch zusammen gestorben.« – »Spar nur dein Geblärre«, sagte die Alte, »es hilft dir alles nichts.«

Früh morgens mußte Gretel heraus, den Kessel mit Wasser aufhängen und Feuer anzünden.»Erst wollen wir backen«,

6. *so . . . hin* she muttered to herself   8. *sperrte . . . ein* locked him in behind a door with bars   *er . . . wollte* he could scream as he might   23. *Hänsel . . . blieb* Hänsel still remained thin   24. *übernahm = überkam*   30. *hätten . . . gefressen = wenn uns nur die wilden Tiere gefressen hätten*   31. *Spar . . . Geblärre* Stop your howling (*Geplärre* in High German)

sagte die Alte, »ich habe den Backofen schon eingeheizt und den Teig geknetet.« Sie stieß das arme Gretel hinaus zu dem Backofen, aus dem die Feuerflammen schon herausschlugen. »Kriech hinein«, sagte die Hexe, »und sieh zu, ob recht einge-

5 heizt ist, damit wir das Brot hineinschieben können.« Und wenn Gretel darin war, wollte sie den Ofen zumachen, und Gretel sollte darin braten, und dann wollte sie's auch aufessen. Aber Gretel merkte, was sie im Sinn hatte, und sprach: »ich weiß nicht, wie ich's machen soll; wie komm' ich da hinein?« –

10 »Dumme Gans«, sagte die Alte, »die Öffnung ist groß genug, siehst du wohl, ich könnte selbst hinein«, krabbelte heran und steckte den Kopf in den Backofen. Da gab ihr Gretel einen Stoß, daß sie weit hineinfuhr, machte die eiserne Tür zu und schob den Riegel vor. Hu! da fing sie an zu heulen, ganz grause-

15 lich; aber Gretel lief fort, und die gottlose Hexe mußte elendiglich verbrennen.

Gretel aber lief schnurstracks zum Hänsel, öffnete sein Ställchen und rief: »Hänsel, wir sind erlöst, die alte Hexe ist tot.« Da sprang Hänsel heraus wie ein Vogel aus dem Käfig, wenn

20 ihm die Türe aufgemacht wird. Wie haben sie sich gefreut, sind sich um den Hals gefallen, sind herumgesprungen und haben sich geküßt! Und weil sie sich nicht mehr zu fürchten brauchten, so gingen sie in das Haus der Hexe hinein, da standen in allen Ecken Kasten mit Perlen und Edelsteinen. »Die sind noch

25 besser als Kieselsteine«, sagte Hänsel und steckte in seine Ta-

4. sieh . . . ist see if it is properly heated 11. siehst . . . hinein look, I could get in myself 20. sind . . . gefallen threw their arms about each other's necks 25. steckte . . . wollte stuffed his pockets with as much as they would hold

schen, was hinein wollte, und Gretel sagte:»ich will auch etwas
mit nach Haus bringen«, und füllte sich sein Schürzchen voll. –
»Aber jetzt wollen wir fort«, sagte Hänsel,»damit wir aus dem
Hexenwald herauskommen.« Als sie aber ein paar Stunden gegangen waren, gelangten sie an ein großes Wasser.»Wir können nicht hinüber«, sprach Hänsel,»ich sehe keinen Steg und
keine Brücke.« – »Hier fährt auch kein Schiffchen«, antwortete
Gretel,»aber da schwimmt eine weiße Ente, wenn ich die bitte,
so hilft sie uns hinüber.« Da rief sie:

>»Entchen, Entchen,
>da steht Gretel und Hänsel.
>Kein Steg und keine Brücke,
>nimm uns auf deinen weißen Rücken.«

Das Entchen kam auch heran, und Hänsel setzte sich auf und
bat sein Schwesterchen, sich zu ihm zu setzen.»Nein«, antwortete Gretel, es wird dem Entchen zu schwer, es soll uns
nacheinander hinüber bringen.« Das tat das gute Tierchen, und
als sie glücklich drüben waren und ein Weilchen fortgingen, da
kam ihnen der Wald immer bekannter und immer bekannter
vor, und endlich erblickten sie von weitem ihres Vaters Haus.
Da fingen sie an zu laufen, stürzten in die Stube hinein und fielen ihrem Vater um den Hals. Der Mann hatte keine frohe
Stunde gehabt, seitdem er die Kinder im Walde gelassen hatte,
die Frau aber war gestorben. Gretel schüttete sein Schürzchen
aus, daß die Perlen und Edelsteine in der Stube herumsprangen,
und Hänsel warf eine Handvoll nach der andern aus seiner Tasche dazu. Da hatten alle Sorgen ein Ende, und sie lebten in lauter Freude zusammen. Mein Märchen ist aus, dort läuft eine
Maus, wer sie fängt, darf sich eine große, große Pelzkappe daraus machen.

5

10

15

20

25

30

18. *als . . . waren* when they were safely across 21. *fielen . . . Hals* threw their
arms around their father's neck 26. *Hänsel . . . dazu* Hänsel threw handful after
handful out of his pocket to add to them 27. *in . . . Freude* in perfect happiness
28. *Mein . . . machen* This is a rather unique variation of the traditional editorial
remark with which the narrator often concludes the tale. The following translation
catches the humor and the silliness of the verses:

> My tale is done;
> see the mouse run;
> Catch it if you would,
> to make a fine hood.

Hans im Glück

Hans hatte sieben Jahre bei seinem Herrn gedient, da sprach er
zu ihm: »Herr, meine Zeit ist herum, nun wollte ich gerne wieder heim zu meiner Mutter, gebt mir meinen Lohn.« Der Herr
antwortete: »du hast mir treu und ehrlich gedient, wie der
Dienst war, so soll der Lohn sein«, und gab ihm ein Stück
Gold, das so groß als Hansens Kopf war. Hans zog sein Tüchlein aus der Tasche, wickelte den Klumpen hinein, setzte ihn
auf die Schulter und machte sich auf den Weg nach Haus. Wie
er so dahin ging und immer ein Bein vor das andere setzte, kam
ihm ein Reiter in die Augen, der frisch und fröhlich auf einem
muntern Pferd vorbeitrabte. »Ach«, sprach Hans ganz laut,
»was ist das Reiten ein schönes Ding! Da sitzt einer wie auf einem Stuhl, stößt sich an keinen Stein, spart die Schuh und
kommt fort, er weiß nicht wie.« Der Reiter, der das gehört
hatte, hielt an und rief: »ei, Hans, warum laufst du auch zu
Fuß?« »Ich muß ja wohl«, antwortete er, »da habe ich einen

---

3. *meine . . . herum* my time is up   10. *Wie . . . setzte* As he was walking along,
always putting one foot in front of the other   13. *Da sitzt einer = Da sitzt
man*   17. *Ich . . . wohl* Why, I have to

Klumpen heim zu tragen: es ist zwar Gold, aber ich kann den
Kopf dabei nicht gerad halten, auch drückt mir's auf die Schulter.«»Weißt du was«, sagte der Reiter,»wir wollen tauschen:
ich gebe dir mein Pferd, und du gibst mir deinen Klumpen.«
»Von Herzen gern«, sprach Hans,»aber ich sage Euch, Ihr   *5*
müßt Euch damit schleppen.« Der Reiter stieg ab, nahm das
Gold und half dem Hans hinauf, gab ihm die Zügel fest in die
Hände und sprach:»wenn's nun recht geschwind soll gehen, so
mußt du mit der Zunge schnalzen und hopp hopp rufen.«
Hans war seelenfroh, als er auf dem Pferde saß und so frank   *10*
und frei dahinritt. Über ein Weilchen fiel's ihm ein, es sollte
noch schneller gehen, und fing an, mit der Zunge zu schnalzen
und hopp hopp zu rufen. Das Pferd setzte sich in starken Trab,
und ehe sich's Hans versah, war er abgeworfen und lag in einem
Graben, der die Äcker von der Landstraße trennte. Das Pferd   *15*
wäre auch durchgegangen, wenn es nicht ein Bauer aufgehalten
hätte, der des Weges kam und eine Kuh vor sich her trieb. Hans
suchte seine Glieder zusammen und machte sich wieder auf die
Beine. Er war aber verdrießlich und sprach zu dem Bauer: «es
ist ein schlechter Spaß, das Reiten, zumal, wenn man auf so eine *20*
Mähre gerät wie diese, die stößt und einen herabwirft, daß man
den Hals brechen kann; ich setze mich nun und nimmermehr
wieder auf. Da lob' ich mir Eure Kuh, da kann einer mit Gemächlichkeit hinterher gehen und hat obendrein seine Milch,
Butter und Käse jeden Tag gewiß. Was gäb' ich darum, wenn   *25*
ich so eine Kuh hätte!« – »Nun«, sprach der Bauer,»geschieht
Euch so ein großer Gefallen, so will ich Euch wohl die Kuh für
das Pferd vertauschen.« Hans willigte mit tausend Freuden ein:
der Bauer schwang sich aufs Pferd und ritt eilig davon.
Hans trieb seine Kuh ruhig vor sich her und bedachte den   *30*
glücklichen Handel.»Hab' ich nur ein Stück Brot, und daran
wird mir's doch nicht fehlen, so kann ich, sooft mir's beliebt,
Butter und Käse dazu essen; hab' ich Durst, so melk' ich meine
Kuh und trinke Milch. Herz, was verlangst du mehr?« Als er zu
einem Wirtshaus kam, machte er Halt, aß in der großen Freude *35*

3. *Weißt . . . was* I'll tell you what   5. *Von . . . gern* Gladly   8. *wenn's . . .*
gehen if you want to go really fast   11. *Über . . . Weilchen* After a while   14. *ehe*
. . . versah before Hans was aware of it   17. *eine . . . trieb* driving a cow before
him   *Hans . . . Beine* Hans picked himself up and got on his feet again   22. *nun . . .*
nimmermehr never again   23. *Da . . . Kuh* Now, your cow I like   25. *Was . . .*
darum What I wouldn't give   26. *geschieht . . . Gefallen* if it will be doing you such
a big favor   32. *sooft . . . beliebt* as often as I like

alles, was er bei sich hatte, sein Mittags- und Abendbrot, rein
auf und ließ sich für seine letzten paar Heller ein halbes Glas
Bier einschenken. Dann trieb er seine Kuh weiter, immer nach
dem Dorfe seiner Mutter zu. Die Hitze ward drückender, je nä-
5   her der Mittag kam, und Hans befand sich in einer Heide, die
wohl noch eine Stunde dauerte. Da ward es ihm ganz heiß, so
daß ihm vor Durst die Zunge am Gaumen klebte. »Dem Ding
ist zu helfen«, dachte Hans, »jetzt will ich meine Kuh melken
und mich an der Milch laben.« Er band sie an einen dürren
10   Baum, und da er keinen Eimer hatte, so stellte er seine Ledermütze unter, aber wie er sich auch bemühte, es kam kein Tropfen Milch zum Vorschein. Und weil er sich ungeschickt dabei
anstellte, so gab ihm das ungeduldige Tier endlich mit einem
der Hinterfüße einen solchen Schlag vor den Kopf, daß er zu
15   Boden taumelte und eine Zeitlang sich gar nicht besinnen
konnte, wo er war. Glücklicherweise kam gerade ein Metzger
des Weges, der auf einem Schubkarren ein junges Schwein liegen hatte. »Was sind das für Streiche!« rief er und half dem guten Hans auf. Hans erzählte, was vorgefallen war. Der Metzger
20   reichte ihm seine Flasche und sprach: »da trinkt einmal und er-
holt Euch. Die Kuh will wohl keine Milch geben, das ist ein altes Tier, das höchstens noch zum Ziehen taugt oder zum
Schlachten.« »Ei, ei«, sprach Hans und strich sich die Haare
über den Kopf, »wer hätte das gedacht! Es ist freilich gut, wenn
25   man so ein Tier ins Haus abschlachten kann, was gibt's für
Fleisch! Aber ich mache mir aus dem Kuhfleisch nicht viel, es
ist mir nicht saftig genug. Ja, wer so ein junges Schwein hätte!
Das schmeckt anders, dabei noch die Würste.« »Hört, Hans«,
sprach da der Metzger, »Euch zuliebe will ich tauschen und will
30   Euch das Schwein für die Kuh lassen.« »Gott lohn Euch Eure
Freundschaft«, sprach Hans, übergab ihm die Kuh, ließ sich
das Schweinchen vom Karren losmachen und den Strick, woran
es gebunden war, in die Hand geben.
Hans zog weiter und überdachte, wie ihm doch alles nach
35   Wunsch ginge, begegnete ihm ja eine Verdrießlichkeit, so

1. *aß . . . alles . . . rein auf* polished off completely 7. *Dem . . . helfen* There is a
remedy for this 11. *wie . . . bemühte* however hard he tried 12. *weil . . .*
anstellte since he went about it so awkwardly 18. *Was . . . Streiche* What is going
on here 23. *das . . . Schlachten* which at best is fit to pull burdens, or to be slaugh-
tered 24. *wenn . . . kann* if one can slaughter such an animal (and preserve the meat
for the house) 26. *Aber . . . viel* But I do not care much for beef 27. *wer . . .*
hätte if I had a young pig like that 29. *Euch zuliebe* as a favor to you 30. *Gott*
. . . Freundschaft May God reward your kindness 35. *begegnete . . . Verdrießlich-*
keit whenever he met with trouble

würde sie doch gleich wieder gut gemacht. Es gesellte sich danach ein Bursch zu ihm, der trug eine schöne weiße Gans unter
dem Arm. Sie boten einander die Zeit, und Hans fing an, von
seinem Glück zu erzählen, und wie er immer so vorteilhaft ge-
tauscht hätte. Der Bursch erzählte ihm, daß er die Gans zu ei- 5
nem Kindtaufschmaus brächte. »Hebt einmal«, fuhr er fort und
packte sie bei den Flügeln, »wie schwer sie ist, die ist aber auch
acht Wochen lang genudelt worden. Wer in den Braten beißt,
muß sich das Fett von beiden Seiten abwischen.« »Ja«, sprach
Hans und wog sie mit der einen Hand, »die hat ihr Gewicht, 10
aber mein Schwein ist auch keine Sau.« Indessen sah sich der
Bursch nach allen Seiten ganz bedenklich um, schüttelte auch
wohl mit dem Kopf. »Hört«, fing er darauf an, »mit Eurem
Schweine mag's nicht ganz richtig sein. In dem Dorfe, durch
das ich gekommen bin, ist eben dem Schulzen eins aus dem 15
Stalle gestohlen worden. Ich fürchte, Ihr habt's da in der Hand.
Sie haben Leute ausgeschickt, und es wäre ein schlimmer Handel, wenn sie Euch mit dem Schwein erwischten: das Geringste
ist, daß Ihr ins finstere Loch gesteckt werdet.« Dem guten
Hans ward bang: »ach Gott«, sprach er, »helft mir aus der Not, 20
Ihr wißt hier herum bessern Bescheid, nehmt mein Schwein da
und laßt mir Eure Gans.« »Ich muß schon etwas aufs Spiel setzen«, antwortete der Bursche, »aber ich will doch nicht schuld
sein, daß Ihr ins Unglück geratet.« Er nahm also das Seil in die
Hand und trieb das Schwein schnell auf einen Seitenweg fort: 25

3. *Sie . . . Zeit* They bid each other good-day 6. *Hebt einmal . . .* Just lift
(it) 11. *mein . . . Sau* my pig is no sow either (*Sau* implies here inferiority, i.e. my
pig is not to be despised either) 13. *mit . . . sein* there is something suspicious about
your pig 19. *daß . . . werdet* at best, you will be thrown into a dark hole 22. *Ich
. . . setzen* I will be running some risk

der gute Hans aber ging, seiner Sorgen entledigt, mit der Gans unter dem Arme der Heimat zu. »Wenn ich's recht überlege«, sprach er mit sich selbst, »habe ich noch Vorteil bei dem Tausch: erstlich den guten Braten, hernach die Menge von Fett, die herausträufeln wird, das gibt Gänsefettbrot auf ein Vierteljahr: und endlich die schönen weißen Federn, die lass' ich mir in mein Kopfkissen stopfen, und darauf will ich wohl ungewiegt einschlafen. Was wird meine Mutter eine Freude haben!«

Als er durch das letzte Dorf gekommen war, stand da ein Scherenschleifer mit seinem Karren, sein Rad schnurrte, und er sang dazu:

»Ich schleife die Schere und drehe geschwind
und hänge mein Mäntelchen nach dem Wind.«

Hans blieb stehen und sah ihm zu; endlich redete er ihn an und sprach: »Euch geht's wohl, weil Ihr so lustig bei Eurem Schleifen seid.« »Ja«, antwortete der Scherenschleifer, »das Handwerk hat einen güldenen Boden. Ein rechter Schleifer ist ein Mann, der, sooft er in die Tasche greift, auch Geld darin findet. Aber wo habt Ihr die schöne Gans gekauft?« »Die hab' ich nicht gekauft, sondern für mein Schwein eingetauscht.« »Und das Schwein?« »Das hab' ich für eine Kuh gekriegt.« »Und die Kuh?« »Die hab' ich für ein Pferd bekommen.« »Und das Pferd?« »Dafür hab' ich einen Klumpen Gold, so groß als mein Kopf, gegeben.« »Und das Gold?« »Ei, das war mein Lohn für sieben Jahre Dienst.« »Ihr habt Euch jederzeit zu helfen gewußt«, sprach der Schleifer, »könnt Ihr's nun dahin bringen, daß Ihr das Geld in der Tasche springen hört, wenn Ihr aufsteht, so habt Ihr Euer Glück gemacht.« »Wie soll ich das anfangen?« sprach Hans. »Ihr müßt ein Schleifer werden wie ich; dazu gehört eigentlich nichts als ein Wetzstein, das andere findet sich schon von selbst. Da hab' ich einen, der ist zwar ein wenig schadhaft, dafür sollt Ihr mir aber auch weiter nichts als Eure Gans geben; wollt Ihr das?« »Wie könnt Ihr noch fragen«, antwortete Hans, »ich werde ja zum glücklichsten Menschen auf Erden; habe ich Geld, sooft ich in die Tasche greife, was

---

8. *darauf . . . einschlafen* I will comfortably fall asleep on it (literally: *ungewiegt* without rocking) 13. *Ich . . . Wind* an approximate prose translation reads: "I sharpen the scissors and speedily grind and hang my little coat towards the wind". The verse alludes to the old proverb "Den Mantel nach dem Wind hängen" = to adapt one's self to circumstances 16. *das . . . Boden* (proverb) a trade in hand finds gold in every land 26. *könnt . . . bringen* if only you could manage to 30. *das . . . selbst* the rest will come of itself 32. *dafür . . . geben* but in exchange you won't have to give me anything but your goose

brauche ich da länger zu sorgen?« reichte ihm die Gans hin und nahm den Wetzstein in Empfang. »Nun«, sprach der Schleifer und hob einen gewöhnlichen schweren Feldstein, der neben ihm lag, auf, »da habt Ihr noch einen tüchtigen Stein dazu, auf dem sich's gut schlagen läßt, und Ihr Eure alten Nägel gerade klopfen könnt. Nehmt hin und hebt ihn ordentlich auf.« 5

Hans lud den Stein auf und ging mit vergnügtem Herzen weiter; seine Augen leuchteten vor Freude: »ich muß in einer Glückshaut geboren sein«, rief er aus, »alles, was ich wünsche, trifft mir ein wie einem Sonntagskind.« Indessen, weil er seit 10 Tagesanbruch auf den Beinen gewesen war, begann er müde zu werden; auch plagte ihn der Hunger, da er allen Vorrat auf einmal in der Freude über die erhandelte Kuh aufgezehrt hatte. Er konnte endlich nur mit Mühe weitergehen und mußte jeden Augenblick haltmachen; dabei drückten ihn die Steine ganz er- 15 bärmlich. Da konnte er sich des Gedankens nicht erwehren, wie gut es wäre, wenn er sie gerade jetzt nicht zu tragen brauchte. Wie eine Schnecke kam er zu einem Feldbrunnen geschlichen, wollte da ruhen und sich mit einem frischen Trunk laben: damit er aber die Steine im Niedersitzen nicht beschä- 20 digte, legte er sie bedächtig neben sich auf den Rand des Brun-

4. *auf . . . läßt* good for hammering on 6. *Nehmt . . . auf* Take it with you and take good care of it 9. *alles . . . Sonntagskind* everything I wish for comes to me, as if I were born under a lucky star 16. *Da . . . erwehren* He could not help thinking 20. *damit . . . beschädigte* so as not to damage the stones when he sat down

nens. Darauf setzte er sich nieder und wollte sich zum Trinken bücken, da versah er's, stieß ein klein wenig an, und beide Steine plumpten hinab. Hans, als er sie mit seinen Augen in die Tiefe hatte versinken sehen, sprang vor Freuden auf, kniete dann nieder und dankte Gott mit Tränen in den Augen, daß er ihm auch diese Gnade noch erwiesen und ihn auf eine so gute Art und, ohne daß er sich einen Vorwurf zu machen brauchte, von den schweren Steinen befreit hätte, die ihm allein noch hinderlich gewesen wären. »So glücklich wie ich«, rief er aus, »gibt es keinen Menschen unter der Sonne.« Mit leichtem Herzen und frei von aller Last sprang er nun fort, bis er daheim bei seiner Mutter war.

Die Sterntaler

Es war einmal ein kleines Mädchen, dem war Vater und Mutter
gestorben, und es war so arm, daß es kein Kämmerchen mehr
hatte, darin zu wohnen, und kein Bettchen mehr, darin zu
schlafen, und endlich gar nichts mehr als die Kleider auf dem
Leib und ein Stückchen Brot in der Hand, das ihm ein mitleidiges Herz geschenkt hatte. Es war aber gut und fromm. Und

5

1. *Sterntaler* Star-Dollars, i.e. "money from Heaven" (from *Der Stern* = star
and *Der Taler* = three-mark piece) 2. *dem . . . gestorben = dessen Vater und Mutter
gestorben waren* 4. *darin . . . wohnen* to live in

weil es so von aller Welt verlassen war, ging es im Vertrauen auf den lieben Gott hinaus ins Feld. Da begegnete ihm ein armer Mann, der sprach: »ach, gib mir etwas zu essen, ich bin so hungerig.« Es reichte ihm das ganze Stückchen Brot und sagte: »Gott segne dir's«, und ging weiter. Da kam ein Kind, das jammerte und sprach: »es friert mich so an meinem Kopfe, schenk mir etwas, womit ich ihn bedecken kann.« Da tat es seine Mütze ab und gab sie ihm. Und als es noch eine Weile gegangen war, kam wieder ein Kind und hatte kein Leibchen an und fror; da gab es ihm seins: und noch weiter, da bat eins um ein Röcklein, das gab es auch von sich hin. Endlich gelangte es in einen Wald, und es war schon dunkel geworden, da kam noch eins und bat um ein Hemdlein, und das fromme Mädchen dachte: »es ist dunkle Nacht, da sieht dich niemand, du kannst wohl dein Hemd weggeben«, und zog das Hemd ab und gab es auch noch hin. Und wie es so stand und gar nichts mehr hatte, fielen auf einmal die Sterne vom Himmel und waren lauter harte blanke Taler: und ob es gleich sein Hemdlein weggegeben, so hatte es ein neues an, und das war vom allerfeinsten Linnen. Da sammelte es sich die Taler hinein und war reich für sein Lebtag.

5. *Gott . . . dir's* May God bless it for you   6. *es . . . Kopfe* my head is so cold   7. *Da . . . ab* So she took off her cap   11. *das . . . hin* she gave away that also   12. *da . . . eins* there came yet another child   17. *lauter . . . Taler* all (literally: "nothing but") hard shiny coins   18. *ob . . . weggegeben* = *obgleich es sein Hemdlein weggegeben hatte*   19. *vom . . . Linnen* [made] of the very finest linen

Die Bremer Stadtmusikanten

Es hatte ein Mann einen Esel, der schon lange Jahre die Säcke unverdrossen zur Mühle getragen hatte, dessen Kräfte aber nun zu Ende gingen, so daß er zur Arbeit immer untauglicher ward. Da dachte der Herr daran, ihn aus dem Futter zu schaffen, aber der Esel merkte, daß kein guter Wind wehte, lief fort und machte sich auf den Weg nach Bremen: dort, meinte er, könnte er ja Stadtmusikant werden. Als er ein Weilchen fortgegangen war, fand er einen Jagdhund auf dem Wege liegen, der jappte wie einer, der sich müde gelaufen hat. »Nun, was jappst du so, Packan?« fragte der Esel. – »Ach«, sagte der Hund, »weil ich alt bin und jeden Tag schwächer werde, auch auf der Jagd nicht mehr fort kann, hat mich mein Herr wollen totschlagen, da hab' ich Reißaus genommen; aber womit soll ich nun mein Brot verdienen?« – »Weißt du was?« sprach der Esel, »ich gehe nach Bremen und werde dort Stadtmusikant, geh mit und laß dich auch bei der Musik annehmen. Ich spiele die Laute, und du schlägst die Pauken.« Der Hund war's zufrieden, und sie gingen weiter. Es dauerte nicht lange, so saß da eine Katze an dem Weg und machte ein Gesicht wie drei Tage Regenwetter. »Nun, was ist dir in die Quere gekommen, alter Bartputzer?« sprach der Esel. – »Wer kann da lustig sein, wenn's einem an den Kragen geht«, antwortete die Katze, »weil ich nun zu Jahren komme, meine Zähne stumpf werden, und ich lieber hinter dem Ofen sitze und spinne, als nach Mäusen herumjage, hat mich meine Frau ersäufen wollen; ich habe mich zwar noch fortgemacht, aber nun ist guter Rat teuer: wo soll ich hin?« – »Geh mit uns nach Bremen, du verstehst dich doch auf die Nachtmusik, da kannst du ein Stadtmusikant werden.« Die Katze hielt das für gut und ging mit. Darauf kamen die drei Landesflüchtigen an einem Hof vorbei; da saß auf dem Tor der Haushahn und schrie aus Leibeskräften. »Du schreist einem durch Mark und Bein«, sprach der Esel, »was hast du vor?« – »Da hab' ich gut Wetter prophezeit«, sprach der Hahn, »weil

5

10

15

20

25

30

---

5. *ihn . . . schaffen* literally: to turn him out of his fodder (i.e. get rid of him, kill him) 11. *Packan* common name for a dog; now old-fashioned (literally: "Sic 'em") 13. *da . . . genommen* so I took to my heels 16. *laß . . . annehmen* get yourself hired by the music 20. *machte . . . Regenwetter* made a face like three rainy days (i.e. made a dismal face) 21. *was . . . gekommen* what went wrong with you *Bartputzer* endearing name for a cat; "Whiskers" 22. *wenn's . . . geht* when one's neck is in danger 23. *weil . . . komme* because I am getting on in years 27. *aber . . . teuer* but now good advice is hard to come by 28. *du . . . Nachtmusik* you are a great hand at serenading 32. *aus Leibeskräften* with all his might *Du . . . Bein* Your screaming is enough to pierce one to the marrow 35. *weil . . . ist* because it is St. Mary's Day

unserer lieben Frauen Tag ist, wo sie dem Christkindlein die Hemdchen gewaschen hat und sie trocknen will; aber weil morgen zum Sonntag Gäste kommen, so hat die Hausfrau doch kein Erbarmen und hat der Köchin gesagt, sie wollte mich morgen in der Suppe essen, und da soll ich mir heut' Abend den Kopf abschneiden lassen. Nun schrei' ich aus vollem Hals, solang ich noch kann.« – »Ei was, du Rotkopf«, sagte der Esel, »zieh lieber mit uns fort, wir gehen nach Bremen, etwas Besseres als den Tod findest du überall; du hast eine gute Stimme, und wenn wir zusammen musizieren, so muß es eine Art haben.« Der Hahn ließ sich den Vorschlag gefallen, und sie gingen alle viere zusammen fort.

Sie konnten aber die Stadt Bremen in einem Tag nicht erreichen und kamen abends in einen Wald, wo sie übernachten wollten. Der Esel und der Hund legten sich unter einen großen Baum, die Katze und der Hahn machten sich in die Äste, der Hahn aber flog bis in die Spitze, wo es am sichersten für ihn war. Ehe er einschlief, sah er sich noch einmal nach allen vier Winden um; da deuchte ihn, er sähe in der Ferne ein Fünkchen brennen, und rief seinen Gesellen zu, es müßte nicht gar weit ein Haus sein; denn es scheine ein Licht. Sprach der Esel: »so müssen wir uns aufmachen und noch hingehen; denn hier ist die Herberge schlecht.« Der Hund meinte, ein paar Knochen und etwas Fleisch dran täten ihm auch gut. Also machten sie sich auf den Weg nach der Gegend, wo das Licht war, und sahen es bald heller schimmern, und es ward immer größer, bis sie vor ein hell erleuchtetes Räuberhaus kamen. Der Esel, als der größte, näherte sich dem Fenster und schaute hinein. »Was siehst du, Grauschimmel?« fragte der Hahn. »Was ich sehe?« antwortete der Esel, »einen gedeckten Tisch mit schönem Essen und Trinken, und Räuber sitzen daran und lassen's sich wohl sein.« – »Das wäre was für uns«, sprach der Hahn. »Ja, ja, ach, wären wir da!« sagte der Esel. Da ratschlagten die Tiere, wie sie es anfangen müßten, um die Räuber hinaus zu jagen, und fanden endlich ein Mittel. Der Esel mußte sich mit den Vorderfüßen

6. *aus* . . . *Hals* at the top of my voice   10. *so* . . . *haben* it will be unique   11. *ließ* . . . *gefallen* liked the proposal   16. *machten* . . . *Äste* got up among the branches   18. *nach* . . . *Winden* to all four points of the compass (i.e. in all directions)   19. *da* . . . *ihn* (obsolete) then it seemed to him   21. *Sprach der Esel* = *Da sprach der Esel*   29. *Grauschimmel* gray horse. The rooster promotes his friend, the donkey, to the rank of horse   31. *lassen's* . . . *sein* are enjoying themselves   32. *wären* . . . *da* if only we were there   33. *anfangen* here: to set about

auf das Fenster stellen, der Hund auf des Esels Rücken springen, die Katze auf den Hund klettern, und endlich flog der Hahn hinauf und setzte sich der Katze auf den Kopf. Wie das geschehen war, fingen sie auf ein Zeichen insgesamt an, ihre Musik zu machen: der Esel schrie, der Hund bellte, die Katze miaute, und der Hahn krähte; dann stürzten sie durch das Fenster in die Stube hinein, daß die Scheiben klirrten. Die Räuber fuhren bei dem entsetzlichen Geschrei in die Höhe, meinten nicht anders, als ein Gespenst käme herein, und flohen in größter Furcht in den Wald hinaus. Nun setzten sich die vier Gesellen an den Tisch, nahmen mit dem vorlieb, was übrig geblieben war, und aßen, als wenn sie vier Wochen hungern sollten.

Wie die vier Spielleute fertig waren, löschten sie das Licht aus und suchten sich eine Schlafstätte,

8. *meinten . . . herein* thought nothing less than that a ghost was coming upon them 13. *nahmen . . . war* well content with what was left 17. *Spielleute* pl. of *Spielmann* minstrel, an ironic reference to their "music" making

jeder nach seiner Natur und Bequemlichkeit. Der Esel legte
sich auf den Mist, der Hund hinter die Türe, die Katze auf den
Herd bei die warme Asche, und der Hahn setzte sich auf den
Hahnenbalken: und weil sie müde waren von ihrem langen
Weg, schliefen sie auch bald ein. Als Mitternacht vorbei war,
und die Räuber von weitem sahen, daß kein Licht mehr im
Haus brannte, auch alles ruhig schien, sprach der Hauptmann:
»wir hätten uns doch nicht sollen ins Bockshorn jagen lassen«,
und hieß einen hingehen und das Haus untersuchen. Der Abgeschickte fand alles still, ging in die Küche, ein Licht anzuzün-
den, und weil er die glühenden, feurigen Augen der Katze für
lebendige Kohlen ansah, hielt er ein Schwefelhölzchen daran,
daß es Feuer fangen sollte. Aber die Katze verstand keinen
Spaß, sprang ihm ins Gesicht, spie und kratzte. Da erschrak er
gewaltig, lief und wollte zur Hintertüre hinaus, aber der Hund,
der da lag, sprang auf und biß ihn ins Bein: und als er über den
Hof an dem Mist vorbei rannte, gab ihm der Esel noch einen
tüchtigen Schlag mit dem Hinterfuß; der Hahn aber, der vom
Lärmen aus dem Schlaf geweckt und munter geworden war,
rief vom Balken herab:»kikeriki!« Da lief der Räuber, was er
konnte, zu seinem Hauptmann zurück und sprach:»ach, in
dem Haus sitzt eine greuliche Hexe, die hat mich angehaucht
und mit ihren langen Fingern mir das Gesicht zerkratzt: und
vor der Türe steht ein Mann mit einem Messer, der hat mich ins
Bein gestochen: und auf dem Hof liegt ein schwarzes Ungetüm,
das hat mit einer Holzkeule auf mich losgeschlagen: und oben
auf dem Dache, da sitzt der Richter, der rief:»bringt mir den
Schelm her!« Da machte ich, daß ich fortkam.« Von nun an ge-
trauten sich die Räuber nicht weiter in das Haus, den vier Bremer Musikanten gefiel's aber so wohl darin, daß sie nicht wieder heraus wollten. Und der das zuletzt erzählt hat, dem ist der
Mund noch warm.

1. *jeder . . . Bequemlichkeit* each one to suit his nature and comfort 8. *wir . . .
lassen* we ought not to have let ourselves be frightened out of our wits 13. *daß . . .
sollte* so as to light it *Aber . . . Spaß* But the cat was not to be trifled with
20. *was er konnte* as fast as he could 28. *Da . . . fortkam* So I made off as fast as I
could 31. *Und . . . warm* This is one of the stereotyped, slightly nonsensical final
sentences of fairy tales; it is not uncommon for the narrator to conclude the tale. A
literal translation is: "And the mouth of him who last told this story is still warm."

Der Wolf und die sieben jungen Geißlein

Es war einmal eine alte Geiß, die hatte sieben junge Geißlein und hatte sie lieb, wie eine Mutter ihre Kinder lieb hat. Eines Tages wollte sie in den Wald gehen und Futter holen, da rief sie alle sieben herbei und sprach: »liebe Kinder, ich will hinaus in den Wald, seid auf eurer Hut vor dem Wolf; wenn er hereinkommt, so frißt er euch alle mit Haut und Haar. Der Bösewicht verstellt sich oft, aber an seiner rauhen Stimme und an seinen schwarzen Füßen werdet ihr ihn gleich erkennen.« – Die Geißlein sagten: »liebe Mutter, wir wollen uns schon in acht nehmen, Ihr könnt ohne Sorge fortgehen.« Da meckerte die Alte und machte sich getrost auf den Weg.

Es dauerte nicht lange, so klopfte jemand an die Haustür und rief: »macht auf, ihr lieben Kinder, eure Mutter ist da und hat jedem von euch etwas mitgebracht.« Aber die Geißerchen hörten an der rauhen Stimme, daß es der Wolf war: »wir machen nicht auf«, riefen sie, »du bist unsere Mutter nicht, die hat eine feine und liebliche Stimme, aber deine Stimme ist rauh; du bist der Wolf.« Da ging der Wolf fort zu einem Krämer und kaufte sich ein großes Stück Kreide: die aß er und machte damit seine Stimme fein. Dann kam er zurück, klopfte an die Haustür und rief: »macht auf, ihr lieben Kinder, eure Mutter ist da und hat jedem von euch etwas mitgebracht.« Aber der Wolf hatte seine schwarze Pfote in das Fenster gelegt, das sahen die Kinder und riefen: »wir machen nicht auf, unsere Mutter hat keinen schwarzen Fuß wie du: du bist der Wolf.« Da lief der Wolf zu einem Bäcker und sprach: »ich habe mich an den Fuß gestoßen, streich mir Teig darüber.« Und als ihm der Bäcker die Pfote bestrichen hatte, so lief er zum Müller und sprach: »streu mir weißes Mehl auf meine Pfote.« Der Müller dachte: »der Wolf will einen betrügen«, und weigerte sich, aber der Wolf sprach: »wenn du es nicht tust, so fresse ich dich.« Da fürchtete sich der Müller und machte ihm die Pfote weiß. Ja, das sind die Menschen.

5
10
15
20
25
30

6. *seid . . . Wolf* be on your guard against the wolf   7. *mit . . . Haar* skin, hair and all   10. *wir . . . nehmen* we will be very careful   14. *Aber . . . Stimme* But the little kids knew by the rough voice   26. *ich . . . darüber* I have bruised my foot, put some dough on it   29. *der . . . betrügen* the wolf wants to deceive someone

Nun ging der Bösewicht zum drittenmal zu der Haustüre, klopfte an und sprach: »macht mir auf, Kinder, euer liebes Mütterchen ist heimgekommen und hat jedem von euch etwas aus dem Walde mitgebracht.« Die Geißerchen riefen: »zeig uns erst deine Pfote, damit wir wissen, daß du unser liebes Mütterchen bist.« Da legte er die Pfote ins Fenster, und als sie sahen, daß sie weiß war, so glaubten sie, es wäre alles wahr, was er sagte, und machten die Türe auf. Wer aber hereinkam, das war der Wolf. Sie erschraken und wollten sich verstecken. Das eine sprang unter den Tisch, das zweite ins Bett, das dritte in den Ofen, das vierte in die Küche, das fünfte in den Schrank, das sechste unter die Waschschüssel, das siebente in den Kasten der Wanduhr. Aber der Wolf fand sie alle und machte nicht langes Federlesen: eins nach dem andern schluckte er in seinen Rachen; nur das jüngste in dem Uhrkasten, das fand er nicht. Als der Wolf seine Lust gebüßt hatte, trollte er sich fort, legte sich draußen auf der grünen Wiese unter einen Baum und fing an zu schlafen.

Nicht lange danach kam die alte Geiß aus dem Walde wieder heim. Ach, was mußte sie da erblicken! Die Haustüre stand sperrweit auf: Tisch, Stühle und Bänke waren umgeworfen, die Waschschüssel lag in Scherben, Decke und Kissen waren aus dem Bett gezogen. Sie suchte ihre Kinder, aber nirgend waren sie zu finden. Sie rief sie nacheinander bei Namen, aber niemand antwortete. Endlich, als sie an das jüngste kam, da rief eine feine Stimme: »liebe Mutter, ich stecke im Uhrkasten.« Sie holte es heraus, und es erzählte ihr, daß der Wolf gekommen wäre und die andern alle gefressen hätte. Da könnt ihr denken, wie sie über ihre armen Kinder geweint hat.

Endlich ging sie in ihrem Jammer hinaus, und das jüngste Geißlein lief mit. Als sie auf die Wiese kam, so lag da der Wolf an dem Baum und schnarchte, daß die Äste zitterten. Sie betrachtete ihn von allen Seiten und sah, daß in seinem angefüllten Bauch sich etwas regte und zappelte. »Ach Gott«, dachte sie, »sollten meine armen Kinder, die er zum Abendbrot hinunter-

---

5. *damit . . . wissen* so that we may be sure **13.** *machte . . . Federlesen* made short work of them **14.** *eins . . . Rachen* one after the other he swallowed them down **15.** *Als . . . fort* When the wolf had satisfied his appetite he strolled forth **23.** *aber . . . finden* but nowhere were they to be found **26.** *ich . . . Uhrkasten* I am in the clockcase **33.** *daß . . . zappelte* that something was moving and struggling inside his distended belly

gewürgt hat, noch am Leben sein?« Da mußte das Geißlein
nach Haus laufen und Schere, Nadel und Zwirn holen. Dann
schnitt sie dem Ungetüm den Wanst auf, und kaum hatte sie einen Schnitt getan, so streckte schon ein Geißlein den Kopf heraus, und als sie weiterschnitt, so sprangen nacheinander alle
sechse heraus und waren noch alle am Leben und hatten nicht
einmal Schaden gelitten; denn das Ungetüm hatte sie in der Gier
ganz hinuntergeschluckt. Das war eine Freude! Da herzten sie
ihre liebe Mutter und hüpften wie ein Schneider, der Hochzeit
hält. Die Alte aber sagte: »jetzt geht und sucht Wackersteine,
damit wollen wir dem gottlosen Tier den Bauch füllen, solange
es noch im Schlafe liegt.« Da schleppten die sieben Geißerchen
in aller Eile die Steine herbei und steckten sie ihm in den Bauch,
soviel sie hineinbringen konnten. Dann nähte ihn die Alte in aller Geschwindigkeit wieder zu, daß er nichts merkte und sich
nicht einmal regte.

Als der Wolf endlich ausgeschlafen hatte, machte er sich auf
die Beine, und weil ihm die Steine im Magen so großen Durst
erregten, so wollte er zu einem Brunnen gehen und trinken. Als
er aber anfing zu gehen und sich hin und her zu bewegen, so
stießen die Steine in seinem Bauch aneinander und rappelten.
Da rief er:
          »was rumpelt und pumpelt

5

10

15

20

1. *sollten . . . sein* can it be that my poor children whom he has devoured for his
supper are still alive 2. *Dann . . . auf* Then she cut open the monster's paunch
6. *hatten . . . hinuntergeschluckt* had not even suffered injury, for in his greed the
monster had swallowed them whole 9. *hüpften . . . hält* skipped about like a tailor
on his wedding day 14. *Dann . . . zu* Then the old mother quickly sewed him up
17. *machte . . . Beine* he got up on his legs 21. *so . . . rappelten* the rocks in his
belly knocked against each other and rattled

in meinem Bauch herum?
Ich meinte, es wären sechs Geißlein,
so sind's lauter Wackerstein.«
Und als er an den Brunnen kam und sich über das Wasser
bückte und trinken wollte, da zogen ihn die schweren Steine
hinein, und er mußte jämmerlich ersaufen. Als die sieben Geißlein das sahen, da kamen sie herbeigelaufen, riefen laut: »der
Wolf ist tot! Der Wolf ist tot!« und tanzten mit ihrer Mutter vor
Freude um den Brunnen herum.

5

---

1. *was . . . herum* what rumbles and tumbles around in my belly (onomatopoetic effect) 6. *er . . . ersaufen* he drowned miserably

Das tapfere Schneiderlein

An einem Sommermorgen saß ein Schneiderlein auf seinem
Tisch am Fenster, war guter Dinge und nähte aus Leibeskräften. Da kam eine Bauersfrau die Straße herab und rief: »gut
Mus feil! Gut Mus feil!« Das klang dem Schneiderlein lieblich   5
in die Ohren, er steckte sein zartes Haupt zum Fenster hinaus
und rief: »hier herauf, liebe Frau, hier wird sie ihre Ware los.«
Die Frau stieg die drei Treppen mit ihrem schweren Korbe zu
dem Schneider herauf und mußte die Töpfe sämtlich vor ihm
auspacken. Er besah sie alle, hob sie in die Höhe, hielt die Nase   10
dran und sagte endlich: »das Mus scheint mir gut, wieg' sie mir
doch vier Lot ab, liebe Frau, wenn's auch ein Viertelpfund ist,
kommt es mir nicht darauf an.« Die Frau, welche gehofft hatte,
einen guten Absatz zu finden, gab ihm, was er verlangte, ging
aber ganz ärgerlich und brummig fort. »Nun, das Mus soll mir   15
Gott gesegnen«, rief das Schneiderlein, »und soll mir Kraft und
Stärke geben«, holte das Brot aus dem Schrank, schnitt sich ein
Stück über den ganzen Laib und strich das Mus darüber. »Das

3. *war . . . Leibeskräften* was in good humor and sewing for all he was worth   4. *gut
. . . feil* good jelly, cheap   7. *hier . . . los* here you will get rid of your wares
12. *wenn's . . . an* even if it is a quarter of a pound, I don't mind   15. *das . . .
gesegnen* God shall bless this jelly to my use   18. *schnitt . . . Laib* cut himself a slice
straight across the loaf

wird nicht bitter schmecken«, sprach er, »aber erst will ich den Wams fertig machen, eh' ich anbeiße.« Er legte das Brot neben sich, nähte weiter und machte vor Freude immer größere Stiche. Indes stieg der Geruch von dem süßen Mus hinauf an die Wand, wo die Fliegen in großer Menge saßen, so daß sie herangelockt wurden und sich scharenweis darauf niederließen. »Ei, wer hat euch eingeladen?« sprach das Schneiderlein und jagte die ungebetenen Gäste fort. Die Fliegen aber, die kein Deutsch verstanden, ließen sich nicht abweisen, sondern kamen in immer größerer Gesellschaft wieder. Da lief dem Schneiderlein endlich, wie man sagt, die Laus über die Leber, es langte aus seiner Hölle nach einem Tuchlappen und: »wart, ich will es euch geben!« schlug es unbarmherzig drauf. Als es abzog und zählte, so lagen nicht weniger als sieben vor ihm tot und streckten die Beine. »Bist du so ein Kerl?« sprach er und mußte selbst seine Tapferkeit bewundern, »das soll die ganze Stadt erfahren.« Und in der Hast schnitt sich das Schneiderlein einen Gürtel, nähte ihn und stickte mit großen Buchstaben darauf: »siebene auf einen Streich!« – »Ei, was Stadt!« sprach er weiter, »die ganze Welt soll's erfahren!« und sein Herz wackelte ihm vor Freude wie ein Lämmerschwänzchen.

Der Schneider band sich den Gürtel um den Leib und wollte in die Welt hinaus, weil er meinte, die Werkstätte sei zu klein für seine Tapferkeit. Eh' er abzog, suchte er im Haus herum, ob nichts da wäre, was er mitnehmen könnte, er fand aber nichts als einen alten Käs, den steckte er ein. Vor dem Tore bemerkte er einen Vogel, der sich im Gesträuch gefangen hatte, der mußte zu dem Käse in die Tasche. Nun nahm er den Weg tapfer zwischen die Beine, und weil er leicht und behend war, fühlte er keine Müdigkeit. Der Weg führte ihn auf einen Berg, und als er den höchsten Gipfel erreicht hatte, so saß da ein gewaltiger Riese und schaute sich ganz gemächlich um. Das Schneiderlein ging beherzt auf ihn zu, redete ihn an und sprach: »guten Tag, Kamerad, gelt, du sitzest da und besiehst dir die weitläuftige Welt? Ich bin eben auf dem Wege dahin und will mich versu-

---

3. *machte . . . Stiche* in his joy, made bigger and bigger stitches 6. *sich . . . niederließen* sat down on it in droves 9. *ließen . . . wieder* would not allow themselves to be turned away, but came back in ever increasing numbers 10. *Da . . . Leber* At last it got under the little tailor's skin, as the saying goes (literally: a louse crawled over his liver) 11. *es . . . Tuchlappen* he reached for a rag from the hole under his work-table 18. *siebene . . . Streich* seven at one blow 20. *sein . . . Lämmerschwänzchen* his heart wagged with joy like a lamb's tail 28. *Nun . . . Beine* Then he took to the road boldly 32. *schaute . . . um* looking calmly about him 35. *will . . . versuchen* want to try my luck

chen. Hast du Lust mitzugehen?« Der Riese sah den Schneider
verächtlich an und sprach:»du Lump! du miserabler Kerl!« –
»Das wäre!« antwortete das Schneiderlein, knöpfte den Rock
auf und zeigte dem Riesen den Gürtel,»da kannst du lesen, was
ich für ein Mann bin.« Der Riese las:»siebene auf einen   *5*
Streich«, meinte, das wären Menschen gewesen, die der Schnei-
der erschlagen hätte, und kriegte ein wenig Respekt vor dem
kleinen Kerl. Doch wollte er ihn erst prüfen, nahm einen Stein
in die Hand und drückte ihn zusammen, daß das Wasser her-
austropfte.»Das mach mir nach«, sprach der Riese,»wenn du   *10*
Stärke hast.« – »Ist's weiter nichts?« sagte das Schneiderlein,
»das ist bei unsereinem Spielwerk«, griff in die Tasche, holte
den weichen Käs und drückte ihn, daß der Saft herauslief.
»Gelt«, sprach er,»das war ein wenig besser?« Der Riese wußte
nicht, was er sagen sollte, und konnte es von dem Männlein   *15*
nicht glauben. Da hob der Riese einen Stein auf und warf ihn so
hoch, daß man ihn mit Augen kaum noch sehen konnte:»nun,
du Erpelmännchen, das tu mir nach.« – »Gut geworfen«, sagte
der Schneider,»aber der Stein hat doch wieder zur Erde herab-
fallen müssen; ich will dir einen werfen, der soll gar nicht wie-   *20*
derkommen«, griff in die Tasche, nahm den Vogel und warf ihn
in die Luft. Der Vogel, froh über seine Freiheit, stieg auf, flog
fort und kam nicht wieder.»Wie gefällt dir das Stückchen, Kamerad?« fragte der Schneider.»Werfen kannst du wohl«, sagte
der Riese,»aber nun wollen wir sehen, ob du imstande bist, et-   *25*
was Ordentliches zu tragen.« Er führte das Schneiderlein zu ei-
nem mächtigen Eichbaum, der da gefällt auf dem Boden lag,
und sagte:»wenn du stark genug bist, so hilf mir den Baum aus
dem Walde heraustragen.« – »Gerne«, antwortete der kleine
Mann,»nimm du nur den Stamm auf deine Schulter, ich will die   *30*
Äste mit dem Gezweig aufheben und tragen, das ist doch das
.schwerste.« Der Riese nahm den Stamm auf die Schulter, der
Schneider aber setzte sich auf einen Ast, und der Riese, der sich
nicht umsehen konnte, mußte den ganzen Baum und das
Schneiderlein noch obendrein forttragen. Es war da hinten   *35*

3. *Das wäre* Is that right? 10. *Das . . . nach* Do likewise 11. *Ist's . . . nichts* Is
that all? 12. *das . . . Spielwerk* that is child's play where I come from 18. *du . . .*
nach you little drake, do likewise 25. *ob . . . tragen* whether you are fit to carry a
good load 35. *Es . . . Dinge* He was quite merry and in good spirits back there

ganz lustig und guter Dinge, pfiff das Liedchen: »es ritten drei
Schneider zum Tore hinaus«, als wäre das Baumtragen ein Kinderspiel. Der Riese, nachdem er ein Stück Wegs die schwere
Last fortgeschleppt hatte, konnte nicht weiter und rief: »hör,
ich muß den Baum fallen lassen.« Der Schneider sprang behendiglich herab, faßte den Baum mit beiden Armen, als wenn er
ihn getragen hätte, und sprach zum Riesen: »du bist ein so großer Kerl und kannst den Baum nicht einmal tragen.«

Sie gingen zusammen weiter, und als sie an einem Kirschbaum vorbeikamen, faßte der Riese die Krone des Baums, wo
die zeitigsten Früchte hingen, bog sie herab, gab sie dem
Schneider in die Hand und hieß ihn essen. Das Schneiderlein
aber war viel zu schwach, um den Baum zu halten, und als der
Riese losließ, fuhr der Baum in die Höhe, und der Schneider
ward mit in die Luft geschnellt. Als er wieder ohne Schaden
herabgefallen war, sprach der Riese: »was ist das, hast du nicht
Kraft, die schwache Gerte zu halten?« – »An der Kraft fehlt es
nicht«, antwortete das Schneiderlein, »meinst du, das wäre etwas für einen, der siebene mit einem Streich getroffen hat? Ich
bin über den Baum gesprungen, weil die Jäger da unten in das
Gebüsch schießen. Spring nach, wenn du's vermagst.« Der
Riese machte den Versuch, konnte aber nicht über den Baum

2. *als . . . Kinderspiel* = als ob das Baumtragen ein Kinderspiel wäre   4. *konnte . . .*
weiter add: *gehen*   11. *bog . . . herab* bent it down   12. *hieß . . . essen* told him
to eat   14. *der . . . geschnellt* the tailor was tossed into the air with it   21. *Spring*
. . . vermagst Jump yourself, if you can

kommen, sondern blieb in den Ästen hängen, also daß das
Schneiderlein auch hier die Oberhand behielt.

Der Riese sprach: »wenn du ein so tapferer Kerl bist, so
komm mit in unsere Höhle und übernachte bei uns.« Das
Schneiderlein war bereit und folgte ihm. Als sie in der Höhle   5
anlangten, saßen da noch andere Riesen beim Feuer, und jeder
hatte ein gebratenes Schaf in der Hand und aß davon. Das
Schneiderlein sah sich um und dachte: »es ist doch hier viel
weitläuftiger als in meiner Werkstatt.« Der Riese wies ihm ein
Bett an und sagte, er sollte sich hineinlegen und ausschlafen.   10
Dem Schneiderlein war aber das Bett zu groß; er legte sich nicht
hinein, sondern kroch in eine Ecke. Als es Mitternacht war,
und der Riese meinte, das Schneiderlein läge in tiefem Schlafe,
so stand er auf, nahm eine große Eisenstange und schlug das
Bett mit einem Schlag durch und meinte, er hätte dem Grashüp-   15
fer den Garaus gemacht. Mit dem frühsten Morgen gingen die
Riesen in den Wald und hatten das Schneiderlein ganz vergessen; da kam es auf einmal ganz lustig und verwegen daher ge-
schritten. Die Riesen erschraken, fürchteten, es schlüge sie alle
tot, und liefen in einer Hast fort.   20

Das Schneiderlein zog weiter, immer seiner spitzen Nase
nach. Nachdem es lange gewandert war, kam es in den Hof eines königlichen Palastes, und da es Müdigkeit empfand, so
legte es sich ins Gras und schlief ein. Während es da lag, kamen
die Leute, betrachteten es von allen Seiten und lasen auf dem   25
Gürtel: »siebene auf einen Streich.« – »Ach«, sprachen sie,
»was will der große Kriegsheld hier mitten im Frieden? Das
muß ein mächtiger Herr sein.« Sie gingen und meldeten es dem
König und meinten, wenn Krieg ausbrechen sollte, wäre das ein
wichtiger und nützlicher Mann, den man um keinen Preis fort-   30
lassen dürfte. Dem König gefiel der Rat, und er schickte einen
von seinen Hofleuten an das Schneiderlein ab, der sollte ihm,
wenn es aufgewacht wäre, Kriegsdienste anbieten. Der Abgesandte blieb bei dem Schläfer stehen, wartete, bis er seine Glieder streckte und die Augen aufschlug, und brachte dann seinen   35

15. *er . . . gemacht* he had finished off this grasshopper [of a tailor] for good 18. *da*
. . . -geschritten when all at once he came striding along quite merrily and
boldly 21. *immer . . . nach* always following his pointed nose 30. *den . . .*
dürfte who should not be allowed to leave at any price 35. *brachte . . . vor* then
made him the offer

Antrag vor. »Eben deshalb bin ich hierher gekommen«, antwortete er, »ich bin bereit, in des Königs Dienste zu treten.« Also ward er ehrenvoll empfangen und ihm eine besondere Wohnung angewiesen.

Die Kriegsleute aber waren dem Schneiderlein aufgesessen und wünschten, es wäre tausend Meilen weit weg. »Was soll daraus werden?« sprachen sie untereinander, »wenn wir Zank mit ihm kriegen, und er haut zu, so fallen auf jeden Streich siebene. Da kann unsereiner nicht bestehen.« Also faßten sie einen Entschluß, begaben sich allesamt zum König und baten um ihren Abschied. »Wir sind nicht gemacht«, sprachen sie, »neben einem Mann auszuhalten, der siebene auf einen Streich schlägt.« Der König war traurig, daß er um des einen willen alle seine treuen Diener verlieren sollte, wünschte, daß seine Augen ihn nie gesehen hätten, und wäre ihn gerne wieder los gewesen. Aber er getrauete sich nicht, ihm den Abschied zu geben, weil er fürchtete, er möchte ihn samt seinem Volke totschlagen und sich auf den königlichen Thron setzen. Er sann lange hin und her; endlich fand er einen Rat. Er schickte zu dem Schneiderlein und ließ ihm sagen, weil er ein so großer Kriegsheld wäre, so wollte er ihm ein Anerbieten machen. In einem Walde seines Landes hausten zwei Riesen, die mit Rauben, Morden, Sengen und Brennen großen Schaden stifteten; niemand dürfte sich ihnen nahen, ohne sich in Lebensgefahr zu setzen. Wenn er diese beiden Riesen überwände und tötete, so wollte er ihm seine einzige Tochter zur Gemahlin geben und das halbe Königreich zur Ehesteuer; auch sollten hundert Reiter mitziehen und ihm Beistand leisten. »Das wäre so etwas für einen Mann, wie du bist«, dachte das Schneiderlein, »eine schöne Königstochter und ein halbes Königreich wird einem nicht alle Tage angeboten.« – »O ja«, gab er zur Antwort, »die Riesen will ich schon bändigen und habe die hundert Reiter dabei nicht nötig: wer siebene auf einen Streich trifft, braucht sich vor zweien nicht zu fürchten.«

Das Schneiderlein zog aus, und die hundert Reiter folgten ihm. Als er zu dem Rand des Waldes kam, sprach er zu seinen

---

1. *Eben deshalb* For this very reason 5. *Die . . . Kriegsleute* The soldiers fell for the tailor's tricks 8. *wenn . . . zu* if we quarrel with him and he strikes hard 9. *Da . . . bestehen* None of us will have a chance *Also . . . Abschied* They came therefore to a decision, went in a body to the King and asked for their discharge 11. *Wir . . . auszuhalten* We are not prepared, they said, to stay with a man 13. *um . . . willen* on account of one man 15. *wäre . . . gewesen* would have been glad to be rid of him again 20. *ließ . . . sagen* had him informed 22. *die . . . stifteten* who wrought havoc by robbing and murdering, burning and ravaging 23. *niemand . . . setzen* no one dared to go near them for fear of risking his life

Begleitern: »bleibt hier nur halten, ich will schon allein mit den
Riesen fertig werden.« Dann sprang er in den Wald hinein und
schaute sich rechts und links um. Über ein Weilchen erblickte
er beide Riesen: sie lagen unter einem Baume und schliefen und
schnarchten dabei, daß sich die Äste auf und nieder bogen. Das 5
Schneiderlein, nicht faul, las beide Taschen voll Steine und stieg
damit auf den Baum. Als es in der Mitte war, rutschte es auf einem Ast, bis es gerade über die Schläfer zu sitzen kam, und ließ
dem einen Riesen einen Stein nach dem andern auf die Brust fallen. Der Riese spürte lange nichts, doch endlich wachte er auf, 10
stieß seinen Gesellen an und sprach: »was schlägst du mich?« –
»Du träumst«, sagte der andere, »ich schlage dich nicht.« Sie
legten sich wieder zum Schlaf, da warf der Schneider auf den
zweiten einen Stein herab. »Was soll das?« rief der andere,
»warum wirfst du mich?« – »Ich werfe dich nicht«, antwortete 15
der erste und brummte. Sie zankten sich eine Weile herum,
doch weil sie müde waren, ließen sie's gut sein, und die Augen
fielen ihnen wieder zu. Das Schneiderlein fing sein Spiel von
neuem an, suchte den dicksten Stein aus und warf ihn dem ersten Riesen mit aller Gewalt auf die Brust. »Das ist zu arg!« 20
schrie er, sprang wie ein Unsinniger auf und stieß seinen Gesellen wider den Baum, daß dieser zitterte. Der andere zahlte mit
gleicher Münze, und sie gerieten in solche Wut, daß sie Bäume
ausrissen, aufeinander losschlugen, so lang, bis sie endlich
beide zugleich tot auf die Erde fielen. Nun sprang das Schnei- 25
derlein herab. »Ein Glück nur«, sprach es, »daß sie den Baum,
auf dem ich saß, nicht ausgerissen haben, sonst hätte ich wie ein
Eichhörnchen auf einen anderen springen müssen: doch unsereiner ist flüchtig!« Es zog sein Schwert und versetzte jedem ein
paar tüchtige Hiebe in die Brust; dann ging es hinaus zu den 30
Reitern und sprach: »die Arbeit ist getan, ich habe beiden den
Garaus gemacht: aber hart ist es hergegangen, sie haben in der
Not Bäume ausgerissen und sich gewehrt, doch das hilft alles
nichts, wenn einer kommt wie ich, der siebene auf einen Streich
schlägt.« – »Seid Ihr denn nicht verwundet?« fragten die Reiter. 35

---

1. *ich . . . werden* I will take care of the giants by myself 5. *Das . . . Steine* The
little tailor, never lazy, filled both his pockets with stones 16. *Sie . . . herum* They
argued about it for a time 17. *ließen . . . sein* let the matter rest 22. *daß . . .
zitterte* that it [the tree] shook *Der . . . Wut* the other paid him back in the same
coin, and they got in such a rage 29. *versetzte . . . Brust* gave each of them a few
good hacks in the chest 31. *ich . . . gemacht* I have finished off both of them
32. *aber . . . hergegangen* but it was tough going

»Das hat gute Wege«, antwortete der Schneider, »kein Haar haben sie mir gekrümmt.« Die Reiter wollten ihm keinen Glauben beimessen und ritten in den Wald hinein: da fanden sie die Riesen in ihrem Blute schwimmend, und rings herum lagen die ausgerissenen Bäume.

Das Schneiderlein verlangte von dem König die versprochene Belohnung; den aber reute sein Versprechen, und er sann aufs neue, wie er sich den Helden vom Halse schaffen könnte. »Ehe du meine Tochter und das halbe Reich erhältst«, sprach er zu ihm, »mußt du noch eine Heldentat vollbringen. In dem Walde läuft ein Einhorn, das großen Schaden anrichtet, das mußt du erst einfangen.« – »Vor einem Einhorne fürchte ich mich noch weniger als vor zwei Riesen; siebene auf einen Streich, das ist meine Sache.« Er nahm sich einen Strick und eine Axt mit, ging hinaus in den Wald und hieß abermals die, welche ihm zugeordnet waren, außen warten. Er brauchte nicht lange zu suchen, das Einhorn kam bald daher und sprang geradezu auf den Schneider los, als wollte es ihn ohne Umstände aufspießen. »Sachte, sachte«, sprach er, »so geschwind geht das nicht«, blieb stehen und wartete, bis das Tier ganz nahe war, dann sprang er behendiglich hinter den Baum. Das Einhorn rannte mit aller Kraft gegen den Baum und spießte sein Horn so fest in den Stamm, daß es nicht Kraft genug hatte, es wieder herauszuziehen, und so war es gefangen. »Jetzt hab' ich das Vöglein«, sagte der Schneider, kam hinter dem Baum hervor, legte dem Einhorn den Strick erst um den Hals, dann hieb

1. *Das . . . gekrümmt* Don't worry, answered the tailor, they didn't touch a hair on my head 2. *keinen . . . beimessen* = *nicht glauben* 7. *den . . . Versprechen* but he regretted his promise 8. *wie . . . könnte* how he could get rid of the hero 15. *hieß . . . warten* again told his appointed companions to wait outside 18. *als . . . aufspießen* as if to gore him then and there 26. *dann . . . Baum* then he hewed the horn out of the tree with his axe

er mit der Axt das Horn aus dem Baum, und als alles in Ordnung war, führte er das Tier ab und brachte es dem König.

Der König wollte ihm den verheißenen Lohn noch nicht gewähren und machte eine dritte Forderung. Der Schneider sollte ihm vor der Hochzeit erst ein Wildschwein fangen, das in dem Wald großen Schaden tat; die Jäger sollten ihm Beistand leisten. »Gerne«, sprach der Schneider, »das ist ein Kinderspiel.« Die Jäger nahm er nicht mit in den Wald, und sie waren's wohl zufrieden; denn das Wildschwein hatte sie schon mehrmals so empfangen, daß sie keine Lust hatten, ihm nachzustellen. Als das Schwein den Schneider erblickte, lief es mit schäumendem Mund und wetzenden Zähnen auf ihn zu und wollte ihn zur Erde werfen: der flüchtige Held aber sprang in eine Kapelle, die in der Nähe war, und gleich oben zum Fenster in einem Satze wieder hinaus. Das Schwein war hinter ihm hergelaufen, er aber hüpfte außen herum und schlug die Türe hinter ihm zu; da war das wütende Tier gefangen, das viel zu schwer und unbehilflich war, um zu dem Fenster hinauszuspringen. Das Schneiderlein rief die Jäger herbei, die mußten den Gefangenen mit eigenen Augen sehen: der Held aber begab sich zum Könige, der nun, er mochte wollen oder nicht, sein Versprechen halten mußte und ihm seine Tochter und das halbe Königreich übergab. Hätte er gewußt, das kein Kriegsheld, sondern ein Schneiderlein vor ihm stand, es wäre ihm noch mehr zu Herzen gegangen. Die Hochzeit ward also mit großer Pracht und kleiner Freude gehalten und aus einem Schneider ein König gemacht.

Nach einiger Zeit hörte die junge Königin in der Nacht, wie ihr Gemahl im Traume sprach: »Junge, mach mir den Wams und flick mir die Hosen, oder ich will dir die Elle über die Ohren schlagen.« Da merkte sie, in welcher Gasse der junge Herr geboren war, klagte am andern Morgen ihrem Vater ihr Leid und bat, er möchte ihr von dem Manne helfen, der nichts anders als ein Schneider wäre. Der König sprach ihr Trost zu und sagte: »laß in der nächsten Nacht deine Schlafkammer offen; meine Diener sollen außen stehen und, wenn er eingeschlafen

---

3. *Der . . . gewähren* The king was still unwilling to grant him the promised reward 6. *die . . . leisten* the huntsmen were to help him 14. *gleich . . . hinaus* out of the upstairs window in one bound 15. *er . . . herum* but he slipped around outside 21. *er . . . nicht* whether he liked it or not 23. *Hätte . . . gewußt = Wenn er gewußt hätte* 29. *oder . . . schlagen* or else I will rap you the yard-stick over your ears 30. *in . . . war* in which walk of life the young gentleman was born 32. *und . . . helfen* and begged him to help her get rid of her husband 33. *Der . . . zu* The king comforted her

ist, hineingehen, ihn binden und auf ein Schiff tragen, das ihn in die weite Welt führt.« Die Frau war damit zufrieden, des Königs Waffenträger aber, der alles mitangehört hatte, war dem jungen Herrn gewogen und hinterbrachte ihm den ganzen Anschlag. »Dem Ding will ich einen Riegel vorschieben«, sagte das Schneiderlein. Abends legte es sich zu gewöhnlicher Zeit mit seiner Frau zu Bett: als sie glaubte, er sei eingeschlafen, stand sie auf, öffnete die Türe und legte sich wieder. Das Schneiderlein, das sich nur stellte, als wenn es schlief, fing an mit heller Stimme zu rufen: »Junge, mach mir den Wams und flick mir die Hosen, oder ich will dir die Elle über die Ohren schlagen! Ich habe siebene mit einem Streich getroffen, zwei Riesen getötet, ein Einhorn fortgeführt und ein Wildschwein gefangen und sollte mich vor denen fürchten, die draußen vor der Kammer stehen!« Als diese den Schneider also sprechen hörten, überkam sie eine große Furcht; sie liefen, als wenn das wilde Heer hinter ihnen wäre, und keiner wollte sich mehr an ihn wagen. Also war und blieb das Schneiderlein sein Lebtag ein König.

3. *war . . . gewogen* was well disposed toward the young gentleman 5. *Dem . . . vorschieben* I'm going to put a stop to that 9. *das . . . schlief* who only acted as if he were sleeping 17. *keiner . . . wagen* no one would venture against him again

Tischchen deck dich, Goldesel und Knüppel
aus dem Sack

Vor Zeiten war ein Schneider, der drei Söhne hatte und nur eine
einzige Ziege. Aber die Ziege, weil sie alle zusammen mit ihrer
Milch ernährte, mußte ihr gutes Futter haben und täglich hin-   5
aus auf die Weide geführt werden. Die Söhne taten das auch
nach der Reihe. Einmal brachte sie der älteste auf den Kirchhof,
wo die schönsten Kräuter standen, ließ sie da fressen und her-
umspringen. Abends, als es Zeit war heimzugehen, fragte er:
»Ziege, bist du satt?« Die Ziege antwortete: 10
              »ich bin so satt,
              ich mag kein Blatt: meh! meh!«
»So komm nach Haus«, sprach der Junge, faßte sie am Strick-
chen, führte sie in den Stall und band sie fest. »Nun«, sagte der
alte Schneider, »hat die Ziege ihr gehöriges Futter?« – »O«, ant-   15
wortete der Sohn, »die ist so satt, sie mag kein Blatt.« Der Vater
aber wollte sich selbst überzeugen, ging hinab in den Stall,
streichelte das liebe Tier und fragte: »Ziege, bist du auch satt?«
Die Ziege antwortete:
              »wovon sollt' ich satt sein?   20
              ich sprang nur über Gräbelein
              und fand kein einzig Blättelein: meh! meh!«
»Was muß ich hören!« rief der Schneider, lief hinauf und sprach
zu dem Jungen: »ei, du Lügner, sagst, die Ziege wäre satt, und
hast sie hungern lassen?« und in seinem Zorne nahm er die Elle   25
von der Wand und jagte ihn mit Schlägen hinaus.
       Am andern Tag war die Reihe am zweiten Sohn, der suchte
an der Gartenhecke einen Platz aus, wo lauter gute Kräuter
standen, und die Ziege fraß sie rein ab. Abends, als er heim
wollte, fragte er: »Ziege, bist du satt?« Die Ziege antwortete: 30
              »ich bin so satt,
              ich mag kein Blatt: meh! meh!«
»So komm nach Haus«, sprach der Junge, zog sie heim und
band sie im Stalle fest. »Nun«, sagte der alte Schneider, »hat die

---

1. *Tischchen . . . dich* Little table, be set   3. *Vor Zeiten* Long ago   5. *täglich . . .*
werden [had to be] led daily to pasture   7. *nach der Reihe* in turn   15. *hat . . .*
Futter is the goat properly fed   23. *Was . . . hören* What's this I hear   24. *sagst*
. . . lassen telling me, the goat was well fed, and letting it starve   26. *jagte . . . hinaus*
chased him out with blows   28. *wo . . . ab* where only good herbs grew and the goat
devoured them all

Ziege ihr gehöriges Futter?« – »O«, antwortete der Sohn, »die
ist so satt, sie mag kein Blatt. « Der Schneider wollte sich darauf
nicht verlassen, ging hinab in den Stall und fragte:»Ziege, bist
du auch satt?« Die Ziege antwortete:

5 »wovon sollt' ich satt sein?
ich sprang nur über Gräbelein
und fand kein einzig Blättelein: meh! meh!«
»Der gottlose Bösewicht!« schrie der Schneider, »so ein from-
mes Tier hungern zu lassen!« lief hinauf und schlug mit der Elle
10 den Jungen zur Haustüre hinaus.

Die Reihe kam jetzt an den dritten Sohn, der wollte seine Sache gut machen, suchte Buschwerk mit dem schönsten Laube
aus und ließ die Ziege daran fressen. Abends, als er heim wollte,
fragte er:»Ziege, bist du auch satt?« Die Ziege antwortete:

15 »ich bin so satt,
ich mag kein Blatt: meh! meh!«
»So komm nach Haus«, sagte der Junge, führte sie in den Stall
und band sie fest. »Nun«, sagte der alte Schneider, »hat die
Ziege ihr gehöriges Futter?« – »O«, antwortete der Sohn, »die
20 ist so satt, sie mag kein Blatt.« Der Schneider traute nicht, ging
hinab und fragte:»Ziege, bist du auch satt?« Das boshafte Tier
antwortete:

»wovon sollt' ich satt sein?
ich sprang nur über Gräbelein
25 und fand kein einzig Blättelein: meh! meh!«
»O die Lügenbrut!« rief der Schneider, »einer so gottlos und
pflichtvergessen wie der andere! Ihr sollt mich nicht länger zum
Narren haben!« und vor Zorn ganz außer sich sprang er hinauf
und gerbte dem armen Jungen mit der Elle den Rücken so ge-
30 waltig, daß er zum Haus hinaussprang.

Der alte Schneider war nun mit seiner Ziege allein. Am andern Morgen ging er hinab in den Stall, liebkoste die Ziege und
sprach:»komm, mein liebes Tierlein, ich will dich selbst zur
Weide führen.« Er nahm sie am Strick und brachte sie zu grü-
35 nen Hecken und unter Schafrippe, und was sonst die Ziegen

2. *Der* . . . *verlassen* The tailor did not want to rely on that 8. *Der* . . .
Bösewicht The godless scoundrel 26. *einer* . . . *haben* one is as godless and ir-
responsible as the other. You shall not make a fool of me any longer 28. *vor* . . .
sich beside himself with rage 29. *gerbte* . . . *hinaussprang* tanned the poor boy's
hide so hard with the yardstick that he ran out of the house 35. *was* . . . *fressen*
whatever else goats like to eat

gerne fressen. »Da kannst du dich einmal nach Herzenslust sättigen«, sprach er zu ihr und ließ sie weiden bis zum Abend. Da
fragte er: »Ziege, bist du satt?« Sie antwortete:
     »ich bin so satt,
       ich mag kein Blatt: meh! meh!«   5
»So komm nach Haus«, sagte der Schneider, führte sie in den
Stall und band sie fest. Als er wegging, kehrte er sich noch einmal um und sagte: »nun bist du doch einmal satt!« Aber die
Ziege machte es ihm nicht besser und rief:
     »wie sollt' ich satt sein?   10
     ich sprang nur über Gräbelein
     und fand kein einzige Blättelein: meh! meh!«
Als der Schneider das hörte, stutzte er und sah wohl, daß er
seine drei Söhne ohne Ursache verstoßen hatte. »Wart«, rief er,
»du undankbares Geschöpf, dich fortzujagen, ist noch zu we-   15
nig, ich will dich zeichnen, daß du dich unter ehrbaren Schneidern nicht mehr darfst sehen lassen.« In einer Hast sprang er
hinauf, holte sein Bartmesser, seifte der Ziege den Kopf ein und
schor sie so glatt wie seine flache Hand. Und weil die Elle zu eh-

1. *Da . . . sättigen* There you may for once eat to your heart's content 8. *Aber . . .*
besser But the goat did not treat him any better 16. *ich . . . lassen* I will brand you
so that you will never dare show yourself amongst honest tailors 18. *seifte . . . Hand*
lathered the goat's head and shaved it as smooth as the palm of his hand

renvoll gewesen wäre, holte er die Peitsche und versetzte ihr
solche Hiebe, daß sie in gewaltigen Sprüngen davonlief.

Der Schneider, als er so ganz einsam in seinem Hause saß,
verfiel in große Traurigkeit und hätte seine Söhne gerne wieder
gehabt, aber niemand wußte, wo sie hingeraten waren. Der älteste war zu einem Schreiner in die Lehre gegangen. Da lernte er
fleißig und unverdrossen, und als seine Zeit herum war, daß er
wandern sollte, schenkte ihm der Meister ein Tischchen, das
gar kein besonderes Ansehen hatte und von gewöhnlichem
Holz war: aber es hatte eine gute Eigenschaft. Wenn man es
hinstellte und sprach: »Tischchen, deck dich«, so war das gute
Tischchen auf einmal mit einem saubern Tüchlein bedeckt, und
stand da ein Teller und Messer und Gabel daneben und Schüsseln mit Gesottenem und Gebratenem, so viel Platz hatten, und
ein großes Glas mit rotem Wein leuchtete, daß einem das Herz
lachte. Der junge Gesell dachte: »damit hast du genug für dein
Lebtag«, zog guter Dinge in der Welt umher und bekümmerte
sich gar nicht darum, ob ein Wirtshaus gut oder schlecht und ob
etwas darin zu finden war oder nicht. Wenn es ihm gefiel, so
kehrte er gar nicht ein, sondern im Felde, im Wald, auf einer
Wiese, wo er Lust hatte, nahm er sein Tischchen vom Rücken,
stellte es vor sich und sprach: »deck dich«, so war alles da, was
sein Herz begehrte. Endlich kam es ihm in den Sinn, er wollte
zu seinem Vater zurückkehren; sein Zorn würde sich gelegt haben, und mit dem Tischchen deck dich würde er ihn gerne wieder aufnehmen. Es trug sich zu, daß er auf dem Heimweg
abends in ein Wirtshaus kam, das mit Gästen angefüllt war: sie
hießen ihn willkommen und luden ihn ein, sich zu ihnen zu setzen und mit ihnen zu essen; sonst würde er schwerlich noch etwas bekommen. »Nein«, antwortete der Schreiner, »die paar
Bissen will ich euch nicht vor dem Munde nehmen, lieber sollt
ihr meine Gäste sein.« Sie lachten und meinten, er triebe seinen
Spaß mit ihnen. Er aber stellte sein hölzernes Tischchen mitten
in die Stube und sprach: »Tischchen, deck dich.« Augenblicklich war es mit Speisen besetzt, so gut wie sie der Wirt nicht

---

1. *versetzte* . . . *Hiebe* lashed it so 5. *wo* . . . *waren* where they had gone 7. *als*
. . . *sollte* when it was time for him to set out as a journeyman 14. *mit* . . . *Gebra-*
tenem with boiled and roasted meats 15. *daß* . . . *lachte* that it gladdened the heart
17. *guter Dinge* happily 21. *wo* . . . *hatte* wherever he fancied 24. *sein* . . .
haben his anger would have died down 31. *lieber* . . . *sein* . rather, you shall be my
guests 32. *er* . . . *ihnen* he must be joking with them

hätte herbeischaffen können, und wovon der Geruch den Gästen lieblich in die Nase stieg. »Zugegriffen, liebe Freunde«,
sprach der Schreiner, und die Gäste, als sie sahen, wie es gemeint war, ließen sich nicht zweimal bitten, rückten heran, zogen ihre Messer und griffen tapfer zu. Und was sie am meisten   5
verwunderte: wenn eine Schüssel leer geworden war, so stellte
sich gleich von selbst eine volle an ihren Platz. Der Wirt stand in
einer Ecke und sah dem Dinge zu; er wußte gar nicht, was er sagen sollte, dachte aber: »einen solchen Koch könntest du in deiner Wirtschaft wohl brauchen.« Der Schreiner und seine Ge-   10
sellschaft waren lustig bis in die späte Nacht; endlich legten sie
sich schlafen, und der junge Geselle ging auch zu Bett und
stellte sein Wünschtischchen an die Wand. Dem Wirte aber ließen seine Gedanken keine Ruhe; es fiel ihm ein, daß in seiner
Rumpelkammer ein altes Tischchen stände, das gerade so aus-   15
sähe: das holte er ganz sachte herbei und vertauschte es mit dem
Wünschtischchen. Am andern Morgen zahlte der Schreiner
sein Schlafgeld, packte sein Tischchen auf, dachte gar nicht
daran, daß er ein falsches hätte, und ging seiner Wege. Zu Mittag kam er bei seinem Vater an, der ihn mit großer Freude emp-   20
fing. »Nun, mein lieber Sohn, was hast du gelernt?« sagte er zu
ihm. »Vater, ich bin ein Schreiner geworden.« – »Ein gutes
Handwerk«, erwiderte der Alte, »aber was hast du von deiner

1. *wovon . . . stieg* the smell of which rose agreeably to the nostrils of the guests
2. *Zugegriffen* Help yourselves 6. *so . . . Platz* immediately a full one took its
place of its own accord 14. *es . . . ein* it occurred to him

Wanderschaft mitgebracht?« – »Vater, das Beste, was ich mitgebracht habe, ist das Tischchen.« Der Schneider betrachtete es von allen Seiten und sagte: »daran hast du kein Meisterstück gemacht, das ist ein altes und schlechtes Tischchen.« – »Aber es ist ein Tischchen deck dich«, antwortete der Sohn, »wenn ich es hinstelle und sage ihm, es sollte sich decken, so stehen gleich die schönsten Gerichte darauf und ein Wein dabei, der das Herz erfreut. Ladet nur alle Verwandte und Freunde ein, die sollen sich einmal laben und erquicken; denn das Tischchen macht sie alle satt.« Als die Gesellschaft beisammen war, stellte er sein Tischchen mitten in die Stube und sprach: »Tischchen, deck dich.« Aber das Tischchen regte sich nicht und blieb so leer wie ein anderer Tisch, der die Sprache nicht versteht. Da merkte der arme Geselle, daß ihm das Tischchen vertauscht war, und schämte sich, daß er wie ein Lügner da stand. Die Verwandten aber lachten ihn aus und mußten ungetrunken und ungegessen wieder heim wandern. Der Vater holte seine Lappen wieder herbei und schneiderte fort, der Sohn aber ging bei einem Meister in die Arbeit.

Der zweite Sohn war zu einem Müller gekommen und bei ihm in die Lehre gegangen. Als er seine Jahre herum hatte, sprach der Meister: »weil du dich so wohl gehalten hast, so schenke ich dir einen Esel von einer besonderen Art, er zieht nicht am Wagen und trägt auch keine Säcke.« – »Wozu ist er denn nütze?« fragte der junge Geselle. »Er speit Gold«, antwortete der Müller, »wenn du ihn auf ein Tuch stellst und sprichst: ›Bricklebrit‹, so speit dir das gute Tier Goldstücke aus, hinten und vorn.« – »Das ist eine schöne Sache«, sprach der Geselle, dankte dem Meister und zog in die Welt. Wenn er Gold nötig hatte, brauchte er nur zu seinem Esel: »Bricklebrit« zu sagen, so regnete es Goldstücke, und er hatte weiter keine Mühe, als sie von der Erde aufzuheben. Wo er hinkam, war ihm das Beste gut genug und je teurer, je lieber; denn er hatte immer einen vollen Beutel. Als er sich eine Zeitlang in der Welt umgesehen hatte, dachte er: »du mußt deinen Vater aufsuchen.

---

3. *daran . . . gemacht* you made no masterpiece with that   8. *die . . . erquicken* they shall enjoy and refresh themselves for once   16. *ungetrunken . . . ungegessen* without having eaten or drunk   18. *schneiderte fort* carried on with his tailoring   24. *Wozu . . . nütze* What good is he   27. *Bricklebrit* nonsense word (i.e. it has no meaning at all)   33. *je . . . lieber* the dearer the better

Wenn du mit dem Goldesel kommst, so wird er seinen Zorn vergessen und dich gut aufnehmen.« Es trug sich zu, daß er in dasselbe Wirtshaus geriet, in welchem seinem Bruder das Tischchen vertauscht war. Er führte seinen Esel an der Hand, und der Wirt wollte ihm das Tier abnehmen und anbinden, der junge Geselle aber sprach: »gebt Euch keine Mühe, meinen Grauschimmel führe ich selbst in den Stall und binde ihn auch selbst an; denn ich muß wissen, wo er steht.« Dem Wirt kam das wunderlich vor, und er meinte, einer, der seinen Esel selbst besorgen müßte, hätte nicht viel zu verzehren: als aber der Fremde in die Tasche griff, zwei Goldstücke herausholte und sagte, er sollte nur etwas Gutes für ihn einkaufen, so machte er große Augen, lief und suchte das Beste, das er auftreiben konnte. Nach der Mahlzeit fragte der Gast, was er schuldig wäre; der Wirt wollte die doppelte Kreide nicht sparen und sagte, noch ein paar Goldstücke müßte er zulegen. Der Geselle griff in die Tasche, aber sein Gold war eben zu Ende. »Wartet einen Augenblick, Herr Wirt«, sprach er, »ich will nur gehen und Gold holen«, nahm aber das Tischtuch mit. Der Wirt wußte nicht, was das heißen sollte, war neugierig, schlich ihm nach, und da der Gast die Stalltüre zuriegelte, so guckte er durch ein Astloch. Der Fremde breitete unter dem Esel das Tuch aus, rief: »Bricklebrit«, und augenblicklich fing das Tier an, Gold zu speien von hinten und vorn, daß es ordentlich auf die Erde herabregnete. »Ei der tausend«, sagte der Wirt, »da sind die Dukaten bald geprägt! so ein Geldbeutel ist nicht übel!« Der Gast bezahlte seine Zeche und legte sich schlafen, der Wirt aber schlich in der Nacht herab in den Stall, führte den Münzmeister weg und band einen andern Esel an seine Stelle. Den folgenden Morgen in der Frühe zog der Geselle mit seinem Esel ab und meinte, er hätte seinen Goldesel. Mittags kam er bei seinem Vater an, der sich freute, als er ihn wiedersah, und ihn gerne aufnahm. »Was ist aus dir geworden, mein Sohn?« fragte der Alte. »Ein Müller, lieber Vater«, antwortete er. »Was hast du von deiner Wanderschaft mitgebracht?« – »Weiter nichts als

8. *Dem . . . vor* The innkeeper thought it odd 10. *hätte . . . verzehren* could not have much to spend 15. *der . . . sparen* the innkeeper wanted to double the bill 16. *noch . . . zulegen* he would have to add a few more gold pieces 25. *Ei . . . tausend* exclamation, (e.g. "My word") *da . . . geprägt* ducats are quickly coined here 28. *den Münzmeister . . .* master of the mint, (i.e. the donkey) 35. *Weiter . . . Esel* nothing but a donkey

einen Esel.« – »Esel gibt's hier genug«, sagte der Vater, »da
wäre mir doch eine gute Ziege lieber gewesen.« – »Ja«, antwortete der Sohn, »aber es ist kein gemeiner Esel, sondern ein Goldesel: wenn ich sage: ›Bricklebrit‹, so speit Euch das gute Tier ein
5 ganzes Tuch voll Goldstücke. Laßt nur alle Verwandte herbei-
rufen, ich mache sie alle zu reichen Leuten.« – »Das laß' ich mir
gefallen«, sagte der Schneider, »dann brauch' ich mich mit der
Nadel nicht weiter zu quälen«, sprang selbst fort und rief die
Verwandten herbei. Sobald sie beisammen waren, hieß sie der
10 Müller Platz machen, breitete sein Tuch aus und brachte den
Esel in die Stube. »Jetzt gebt acht«, sagte er und rief: »Bricklebrit«, aber es waren keine Goldstücke, was herabfiel, und es
zeigte sich, daß das Tier nichts von der Kunst verstand; denn es
bringt's nicht jeder Esel so weit. Da machte der arme Müller ein
15 langes Gesicht, sah, daß er betrogen war, und bat die Verwandten um Verzeihung, die so arm heimgingen, als sie gekommen
waren. Es blieb nichts übrig: der Alte mußte wieder nach der
Nadel greifen, und der Junge sich bei einem Müller verdingen.
Der dritte Bruder war zu einem Drechsler in die Lehre ge-
20 gangen, und weil es ein kunstreiches Handwerk ist, mußte er
am längsten lernen. Seine Brüder aber meldeten ihm in einem
Briefe, wie schlimm es ihnen ergangen wäre, und wie sie der
Wirt noch am letzten Abende um ihre schönen Wünschdinge
gebracht hätte. Als der Drechsler nun ausgelernt hatte und
25 wandern sollte, so schenkte ihm sein Meister, weil er sich wohl
gehalten einen Sack und sagte: »es liegt ein Knüppel darin.« –
»Den Sack kann ich umhängen, und er kann mir gute Dienste
leisten, aber was soll der Knüppel darin? der macht ihn nur
schwer.« – »Das will ich dir sagen«, antwortete der Meister,
30 »hat dir jemand etwas zu leid getan, so sprich nur: ›Knüppel,
aus dem Sack‹, so springt dir der Knüppel heraus unter die
Leute und tanzt ihnen so lustig auf dem Rücken herum, daß sie
sich acht Tage lang nicht regen und bewegen können; und eher
läßt er nicht ab, als bis du sagst: »Knüppel, in den Sack.« Der
35 Gesell dankte ihm, hing den Sack um, und wenn ihm jemand zu

---

6. *Das . . . gefallen* I like that idea   9. *hieß . . . machen* the miller asked them to
make room   13. *denn . . . weit* because not every donkey is so accomplished   17. *Es
. . . übrig* There was nothing else to do   22. *wie . . . hätte* how badly they had fared
and how on the last day of their journey the innkeeper had cheated them of their beautiful wishing-things   30. *hat . . . getan* if anyone has done you any harm   31. *so . . .
herum* the club will leap forth among the people and dance so merrily about on their
backs   33. *und . . . ab* and it will not stop   35. *und . . . wollte* and wished to
attack him

nahe kam und auf den Leib wollte, so sprach er: »Knüppel, aus
dem Sack«, alsbald sprang der Knüppel heraus und klopfte einem nach dem andern den Rock oder Wams gleich auf dem
Rücken aus und wartete nicht erst, bis er ihn ausgezogen hatte;
und das ging so geschwind, daß, eh' sich's einer versah, die ⁵
Reihe schon an ihm war. Der junge Drechsler langte zur
Abendzeit in dem Wirtshaus an, wo seine Brüder waren betrogen worden. Er legte seinen Ranzen vor sich auf den Tisch und
fing an zu erzählen, was er alles Merkwürdiges in der Welt gesehen habe. »Ja«, sagte er, »man findet wohl ein Tischchen deck ¹⁰
dich, einen Goldesel und dergleichen: lauter gute Dinge, die ich
nicht verachte, aber das ist alles nichts gegen den Schatz, den ich
mir erworben habe und mit mir da in meinem Sack führe.« Der
Wirt spitzte die Ohren: »was in aller Welt mag das sein?«
dachte er, »der Sack ist wohl mit lauter Edelsteinen angefüllt; ¹⁵
den sollte ich billig auch noch haben; denn aller guten Dinge
sind drei.« Als Schlafenszeit war, streckte sich der Gast auf die
Bank und legte seinen Sack als Kopfkissen unter. Der Wirt, als
er meinte, der Gast läge in tiefem Schlaf, ging herbei, rückte
und zog ganz sachte und vorsichtig an dem Sack, ob er ihn viel- ²⁰

5. *eh' . . . versah* before anyone was aware of it   13. *Der . . . Ohren* The innkeeper
pricked up his ears   16. *denn . . . drei* because all good things come in three

leicht wegziehen und einen andern unterlegen könnte. Der Drechsler aber hatte schon lange darauf gewartet; wie nun der Wirt eben einen herzhaften Ruck tun wollte, rief er:»Knüppel, aus dem Sack.« Alsbald fuhr das Knüppelchen heraus, dem Wirt auf den Leib, und rieb ihm die Nähte, daß es eine Art hatte. Der Wirt schrie zum Erbarmen, aber je lauter er schrie, desto kräftiger schlug der Knüppel ihm den Takt dazu auf dem Rücken, bis er endlich erschöpft zur Erde fiel. Da sprach der Drechsler:»wo du das Tischchen deck dich und den Goldesel nicht wieder herausgibst, so soll der Tanz von neuem angehen.« –»Ach nein«, rief der Wirt ganz kleinlaut,»ich gebe alles gerne wieder heraus, laßt nur den verwünschten Kobold wieder in den Sack kriechen.« Da sprach der Geselle:»ich will Gnade für Recht ergehen lassen, aber hüte dich vor Schaden!« Dann rief er:»Knüppel, in den Sack!« und ließ ihn ruhen.

Der Drechsler zog am andern Morgen mit dem Tischchen deck dich und dem Goldesel heim zu seinem Vater. Der Schneider freute sich, als er ihn wieder sah, und fragte auch ihn, was er in der Fremde gelernt hätte.»Lieber Vater«, antwortete er,»ich bin ein Drechsler geworden.« –»Ein kunstreiches Handwerk«, sagte der Vater,»was hast du von der Wanderschaft mitgebracht?« –»Ein kostbares Stück, lieber Vater«, antwortete der Sohn,»einen Knüppel in dem Sack.« –»Was!« rief der Vater, »einen Knüppel! Das ist der Mühe wert! Den kannst du dir von jedem Baume abhauen.« –»Aber einen solchen nicht, lieber Vater: sage ich:›Knüppel, aus dem Sack‹, so springt der Knüppel heraus und macht mit dem, der es nicht gut mit mir meint, einen schlimmen Tanz und läßt nicht eher nach, als bis er auf der Erde liegt und um gut Wetter bittet. Seht ihr, mit diesem Knüppel habe ich das Tischchen deck dich und den Goldesel wieder herbeigeschafft, die der diebische Wirt meinen Brüdern abgenommen hatte. Jetzt laßt sie beide rufen und ladet alle Verwandten ein: ich will sie speisen und tränken und will ihnen die Taschen noch mit Gold füllen.« Der alte Schneider wollte nicht recht trauen, brachte aber doch die Verwandten zusammen. Da

---

2. *wie . . . wollte* just as the innkeeper was about to give a hearty tug   4. *Alsbald . . . hatte* At once the little club came out, set on the innkeeper, and thrashed his back good and hard (literally: rubbed his seams with a vengeance)   6. *aber . . . Rücken* but the louder he screamed the harder the club beat time upon his back   10. *so . . . angehen* the dance will begin again   13. *ich . . . Schaden* I will let mercy take the place of justice, but beware of further mischief   24. *Das . . . wert* That is worth your trouble (sarcastically)   28. *Läßt . . . nach* never stops   29. *und . . . bittet* and begs for fair weather (i.e. begs for mercy)

deckte der Drechsler ein Tuch in die Stube, führte den Goldesel herein und sagte zu seinem Bruder:»nun, lieber Bruder, sprich mit ihm.« Der Müller sagte:»Bricklebrit«, und augenblicklich sprangen die Goldstücke auf das Tuch herab, als käme ein Platzregen, und der Esel hörte nicht eher auf, als bis alle so viel hatten, daß sie nicht mehr tragen konnten. (Ich sehe dir's an, du wärst auch gerne dabei gewesen.) Dann holte der Drechsler das Tischchen und sagte:»lieber Bruder, nun sprich mit ihm.« Und kaum hatte der Schreiner:»Tischchen, deck dich« gesagt, so war es gedeckt und mit den schönsten Schüsseln reichlich besetzt. Da ward eine Mahlzeit gehalten, wie der gute Schneider noch keine in seinem Hause erlebt hatte, und die ganze Verwandtschaft blieb beisammen bis in die Nacht, und waren alle lustig und vergnügt. Der Schneider verschloß Nadel und Zwirn, Elle und Bügeleisen in einen Schrank und lebte mit seinen drei Söhnen in Freude und Herrlichkeit.

Wo ist aber die Ziege hingekommen, die schuld war, daß der Schneider seine drei Söhne fortjagte? Das will ich dir sagen. Sie schämte sich, daß sie einen kahlen Kopf hatte, lief in eine Fuchshöhle und verkroch sich hinein. Als der Fuchs nach Haus kam, funkelten ihm ein paar große Augen aus der Dunkelheit entgegen, daß er erschrak und wieder zurücklief. Der Bär begegnete ihm, und da der Fuchs ganz verstört aussah, so sprach er:»was ist dir, Bruder Fuchs, was machst du für ein Gesicht?« – »Ach«, antwortete der Rote,»ein grimmig Tier sitzt in meiner Höhle und hat mich mit feurigen Augen angeglotzt.« – »Das wollen wir bald austreiben«, sprach der Bär, ging mit zu der Höhle und schaute hinein; als er aber die feurigen Augen erblickte, wandelte ihn ebenfalls Furcht an: er wollte mit dem grimmigen Tiere nichts zu tun haben und nahm Reißaus. Die Biene begegnete ihm, und da sie merkte, daß es ihm in seiner Haut nicht wohl zu Mute war, sprach sie:»Bär, du machst ja ein gewaltig verdrießlich Gesicht, wo ist deine Lustigkeit geblieben?« – »Du hast gut reden«, antwortete der Bär,»es sitzt ein grimmiges Tier mit Glotzaugen in dem Hause des Roten,

5

10

15

20

25

30

35

---

4. *als . . . Platzregen* = als ob ein Platzregen käme   6. *Ich . . . gewesen* I can tell by your face that you also would have liked to have been there (this kind of editorializing by the narrator is not infrequent in folk tales)   17. *Wo . . . hingekommen* But what became of the goat   21. *funkelten . . . entgegen* a pair of large eyes shone at him out of the darkness   24. *was . . . Gesicht* what is the matter, brother fox? why are you making such a funny face   29. *wandelte . . . an* he too was seized by fear   30. *nahm . . . Reißaus* took to his heels   31. *daß . . . war* that he was ill at ease   33. *wo . . . geblieben* where have all you high spirits gone   34. *Du . . . reden* It is all very well for you to talk

und wir können es nicht herausjagen.« Die Biene sprach: »du
dauerst mich, Bär, ich bin ein armes, schwaches Geschöpf, das
ihr im Wege nicht anguckt, aber ich glaube doch, daß ich euch
helfen kann.« Sie flog in die Fuchshöhle, setzte sich der Ziege
5   auf den glatten geschorenen Kopf und stach sie so gewaltig, daß
sie aufsprang, »meh! meh!« schrie und wie toll in die Welt hin-
einlief; und weiß niemand auf diese Stunde, wo sie hingelaufen
ist.

1. *du . . . mich* I feel sorry for you   6. *wie toll* as if mad   7. *auf . . . Stunde* to
this day (literally: to this hour)

Märchen von einem, der auszog, das Fürchten zu lernen

Ein Vater hatte zwei Söhne, davon war der älteste klug und gescheit und wußte sich in alles wohl zu schicken, der jüngste aber war dumm, konnte nichts begreifen und lernen: und wenn ihn die Leute sahen, sprachen sie: »mit dem wird der Vater noch seine Last haben!« Wenn nun etwas zu tun war, so mußte es der älteste allzeit ausrichten: hieß ihn aber der Vater noch spät oder gar in der Nacht etwas holen, und der Weg ging dabei über den Kirchhof oder sonst einen schaurigen Ort, so antwortete er wohl: »ach nein, Vater, ich gehe nicht dahin, es gruselt mir!« denn er fürchtete sich. Oder, wenn abends beim Feuer Geschichten erzählt wurden, wobei einem die Haut schaudert, so sprachen die Zuhörer manchmal: »Ach, es gruselt mir!« Der jüngste saß in einer Ecke und hörte das mit an und konnte nicht begreifen, was es heißen sollte. »Immer sagen sie, es gruselt mir! Es gruselt mir! Mir gruselt's nicht: das wird wohl eine Kunst sein, von der ich auch nichts verstehe.«

Nun geschah es, daß der Vater einmal zu ihm sprach: »hör du, in der Ecke dort, du wirst groß und stark, du mußt auch etwas lernen, womit du dein Brot verdienst. Siehst du, wie dein Bruder sich Mühe gibt, aber an dir ist Hopfen und Malz verloren.« – »Ei, Vater«, antwortete er, »ich will gerne was lernen; ja, wenn's anginge, so möchte ich lernen, daß mir's gruselte; davon verstehe ich noch gar nichts.« Der älteste lachte, als er das hörte, und dachte bei sich: »du lieber Gott, was ist mein Bruder ein Dummbart, aus dem wird sein Lebtag nichts: was ein Häkchen werden will, muß sich beizeiten krümmen.« Der Vater seufzte und antwortete ihm: »das Gruseln, das sollst du schon lernen, aber dein Brot wirst du damit nicht verdienen.«

Bald danach kam der Küster zum Besuch ins Haus, da klagte ihm der Vater seine Not und erzählte, wie sein jüngster Sohn in allen Dingen so schlecht beschlagen wäre, er wüßte nichts und lernte nichts. »Denkt Euch, als ich ihn fragte, womit er sein

5

10

15

20

25

30

---

1. *der . . . lernen* who set out to learn what fear is   4. *wußte . . . schicken* could do everything   6. *mit . . . haben* that one will be a burden to his father   7. *so . . . ausrichten* it was always the oldest who had to do it   8. *hieß . . . holen* yet if his father told him to go and fetch anything at a late hour or during the night   10. *oder . . . Ort* or some other dismal place   11. *es . . . mir* it makes me shudder   13. *wobei . . . schaudert* making the flesh creep   22. *an . . . verloren* you are a hopeless case   24. *wenn's anginge* if possible   27. *aus . . . nichts* he will never be good for anything   *was . . . krümmen* as the twig is bent the tree is inclined (well-known proverb)   31. *da . . . Not* the father complained to him about his trouble   32. *wie . . . wäre* how his youngest son was so ignorant in every respect

Brot verdienen wollte, hat er gar verlangt, das Gruseln zu lernen.« – »Wenn's weiter nichts ist«, antwortete der Küster, »das
kann er bei mir lernen; tut ihn nur zu mir, ich will ihn schon ab-
hobeln.« Der Vater war es zufrieden, weil er dachte: »der Junge
5 wird doch ein wenig zugestutzt.« Der Küster nahm ihn also ins
Haus, und er mußte die Glocke läuten. Nach ein paar Tagen
weckte er ihn um Mitternacht, hieß ihn aufstehen, in den
Kirchturm steigen und läuten. »Du sollst schon lernen, was
Gruseln ist«, dachte er, ging heimlich voraus, und als der Junge
10 oben war und sich umdrehte und das Glockenseil fassen wollte,
so sah er auf der Treppe, dem Schalloch gegenüber, eine weiße
Gestalt stehen. »Wer da?« rief er, aber die Gestalt gab keine
Antwort, regte und bewegte sich nicht. »Gib Antwort«, rief
der Junge, »oder mache, daß du fortkommst, du hast hier in der
15 Nacht nichts zu schaffen.« Der Küster aber blieb unbeweglich
stehen, damit der Junge glauben sollte, es wäre ein Gespenst.
Der Junge rief zum zweitenmal: »was willst du hier? sprich,
wenn du ein ehrlicher Kerl bist, oder ich werfe dich die Treppe

2. *Wenn's* . . . *ist* If that is all 3. *tut* . . . *mir = schickt ihn nur zu mir ich* . . .
abhobeln I will soon polish him 4. *der* . . . *zugestutzt* the boy will be knocked into
shape a bit 11. *dem* . . . *gegenüber* opposite the sound hole 14. *oder* . . . *schaffen*
or take yourself off, you have no business here at night

hinab.« Der Küster dachte:»das wird so schlimm nicht gemeint sein«, gab keinen Laut von sich und stand, als wenn er von Stein wäre. Da rief ihn der Junge zum drittenmale an, und als das auch vergeblich war, nahm er einen Anlauf und stieß das Gespenst die Treppe hinab, daß es zehn Stufen hinabfiel und in einer Ecke liegen blieb. Darauf läutete er die Glocke, ging heim, legte sich, ohne ein Wort zu sagen, ins Bett und schlief fort. Die Küsterfrau wartete lange Zeit auf ihren Mann, aber er wollte nicht wiederkommen. Da ward ihr endlich angst, sie weckte den Jungen und fragte:»weißt du nicht, wo mein Mann geblieben ist? er ist vor dir auf den Turm gestiegen.« – »Nein«, antwortete der Junge,»aber da hat einer dem Schalloch gegenüber auf der Treppe gestanden, und weil er keine Antwort geben und auch nicht weggehen wollte, so habe ich ihn für einen Spitzbuben gehalten und hinuntergestoßen. Geht nur hin, so werdet Ihr sehen, ob er's gewesen ist, es sollte mir leid tun.« Die Frau sprang fort und fand ihren Mann, der in einer Ecke lag und jammerte und ein Bein gebrochen hatte.

Sie trug ihn herab und eilte dann mit lautem Geschrei zu dem Vater des Jungen.»Euer Junge«, rief sie,»hat ein großes Unglück angerichtet, meinen Mann hat er die Treppe hinabgeworfen, daß er ein Bein gebrochen hat: schafft den Taugenichts aus unserm Hause.« Der Vater erschrak, kam herbeigelaufen und schalt den Jungen aus.»Was sind das für gottlose Streiche, die muß dir der Böse eingegeben haben.« – »Vater«, antwortete er, »hört nur an, ich bin ganz unschuldig: er stand da in der Nacht wie einer, der Böses im Sinne hat. Ich wußte nicht, wer's war, und habe ihn dreimal ermahnt, zu reden oder wegzugehen.« – »Ach«, sprach der Vater,»mit dir erleb' ich nur Unglück, geh mir aus den Augen, ich will dich nicht mehr ansehen.« – »Ja, Vater, recht gerne, wartet nur, bis Tag ist, da will ich ausgehen und das Gruseln lernen, so versteh' ich doch eine Kunst, die mich ernähren kann.« – »Lerne, was du willst«, sprach der Vater,»mir ist alles einerlei. Da hast du funfzig Taler, damit geh in die weite Welt und sage keinem Menschen, wo du her bist, und

5

10

15

20

25

30

35

---

1. *das . . . sein* he cannot intend to do anything so dreadful 2. *gab . . . sich* made no sound 4. *nahm . . . Anlauf* took a run 8. *aber . . . wiederkommen* = *aber er kam nicht wieder* 14. *so . . . gehalten* I took him for a scoundrel 16. *es . . . tun* I should be sorry if it were 20. *hat . . . angerichtet* has been the cause of great trouble 24. *die . . . haben* the devil must have put them into your head 29. *geh . . . Augen* get out of my sight 32. *so . . . kann* then I will have a skill which will support me 34. *mir . . . einerlei* it is all the same to me 35. *wo . . . bist* where you come from

wer dein Vater ist; denn ich muß mich deiner schämen.« – »Ja,
Vater, wie Ihr's haben wollte, wenn Ihr nicht mehr verlangt,
das kann ich leicht in acht behalten.«

Als nun der Tag anbrach, steckte der Junge seine funfzig Taler in die Tasche, ging hinaus auf die große Landstraße und
sprach immer vor sich hin: »wenn mir's nur gruselte! wenn
mir's nur gruselte!« Da kam ein Mann heran, der hörte das Gespräch, das der Junge mit sich selber führte, und als sie ein
Stück weiter waren, daß man den Galgen sehen konnte, sagte
der Mann zu ihm: »siehst du, dort ist der Baum, wo siebene mit
des Seilers Tochter Hochzeit gehalten haben und jetzt das Fliegen lernen: setz dich darunter und warte, bis die Nacht kommt,
so wirst du schon das Gruseln lernen.« – »Wenn weiter nichts

3. *das . . . behalten* I can easily keep that in mind 4. *Als . . . anbrach* At daybreak
8. *als . . . waren* when they had walked a little farther 10. *wo . . . lernen* where
seven men wedded the ropemaker's daughter, and are now learning to fly (euphemistic
description of the gallows) 13. *Wenn . . . gehört* If that is all that is needed

dazu gehört«, antwortete der Junge, »das ist leicht getan; lerne
ich aber so geschwind das Gruseln, so sollst du meine funfzig
Taler haben: komm nur morgen früh wieder zu mir.« Da ging
der Junge zu dem Galgen, setzte sich darunter und wartete, bis
der Abend kam. Und weil ihn fror, machte er sich ein Feuer an: *5*
aber um Mitternacht ging der Wind so kalt, daß er trotz des
Feuers nicht warm werden wollte. Und als der Wind die Ge-
henkten gegeneinander stieß, daß sie sich hin und her beweg-
ten, so dachte er:»du frierst unten bei dem Feuer, was mögen
die da oben erst frieren und zappeln.« Und weil er mitleidig *10*
war, legte er die Leiter an, stieg hinauf, knüpfte einen nach dem
andern los und holte sie alle siebene herab. Darauf schürte er
das Feuer, blies es an und setzte sie rings herum, daß sie sich
wärmen sollten. Aber sie saßen da und regten sich nicht, und
das Feuer ergriff ihre Kleider. Da sprach er:»nehmt euch in *15*
acht, sonst häng' ich euch wieder hinauf.« Die Toten aber hörten nicht, schwiegen und ließen ihre Lumpen fort brennen. Da
ward er bös und sprach:»wenn ihr nicht acht geben wollt, so
kann ich euch nicht helfen, ich will nicht mit euch verbrennen«,
und hing sie nach der Reihe wieder hinauf. Nun setzte er sich zu *20*
seinem Feuer und schlief ein, und am andern Morgen, da kam
der Mann zu ihm, wollte die funfzig Taler haben und sprach:
»nun, weißt du, was Gruseln ist?« – «Nein«, antwortete er,
»woher sollte ich's wissen? die da droben haben das Maul nicht
aufgetan und waren so dumm, daß sie die paar alten Lappen, die *25*
sie am Leibe haben, brennen ließen.« Da sah der Mann, daß er
die funfzig Taler heute nicht davontragen würde, ging fort und
sprach:»so einer ist mir noch nicht vorgekommen.«
    Der Junge ging auch seines Weges und fing wieder an vor sich
hin zu reden:»ach, wenn mir's nur gruselte! Ach, wenn mir's *30*
nur gruselte!« Das hörte ein Fuhrmann, der hinter ihm her-
schritt, und fragte:»wer bist du?« – »Ich weiß nicht«, antwortete der Junge. Der Fuhrmann fragte weiter:»wo bist du her?«
– »Ich weiß nicht.« – »Wer ist dein Vater?« – »Das darf ich nicht
sagen.« – »Was brummst du beständig in den Bart hinein?« – *35*

1. *lerne . . . Gruseln = wenn ich so geschwind das Gruseln lerne* 9. *was , . .*
zappeln how they up there must be freezing and struggling 15. *nehmt . . . hinauf*
take care, or I will hang you up again 20. *nach . . . Reihe* each in his turn 24. *die*
. . . aufgetan those fellows up there did not open their mouths 28. *so . . . vor-*
gekommen I have never met a person like that before 29. *vor . . . reden* to talk to
himself 35. *Was . . . hinein* What is it that you keep muttering between your teeth
(literally: into your beard)

»Ei«, antwortete der Junge, »ich wollte, daß mir's gruselte, aber niemand kann mir's lehren.« – »Laß dein dummes Geschwätz«, sprach der Fuhrmann, »komm, geh mit mir, ich will sehen, daß ich dich unterbringe.« Der Junge ging mit dem Fuhrmann, und abends gelangten sie zu einem Wirtshaus, wo sie übernachten wollten. Da sprach er beim Eintritt in die Stube wieder ganz laut: »wenn mir's nur gruselte! wenn mir's nur gruselte!« Der Wirt, der das hörte, lachte und sprach: »wenn dich danach lüstet, dazu sollte hier wohl Gelegenheit sein.« – »Ach, schweig stille«, sprach die Wirtsfrau, »so mancher Vorwitzige hat schon sein Leben eingebüßt, es wäre Jammer und Schade um die schönen Augen, wenn die das Tageslicht nicht wieder sehen sollten.« Der Junge aber sagte: »wenn's noch so schwer wäre, ich will's einmal lernen, deshalb bin ich ja ausgezogen.« Er ließ dem Wirt auch keine Ruhe, bis dieser erzählte, nicht weit davon stände ein verwünschtes Schloß, wo einer wohl lernen könnte, was Gruseln wäre, wenn er nur drei Nächte darin wachen wollte. Der König hätte dem, der's wagen wollte, seine Tochter zur Frau versprochen, und die wäre die schönste Jungfrau, welche die Sonne beschien: in dem Schlosse steckten auch große Schätze, von bösen Geistern bewacht, die würden dann frei und könnten einen Armen reich genug machen. Schon viele wären wohl hinein, aber noch keiner wieder herausgekommen. Da ging der Junge am andern Morgen vor den König und sprach: »wenn's erlaubt wäre, so wollte ich wohl drei Nächte in dem verwünschten Schlosse wachen.« Der König sah ihn an, und weil er ihm gefiel, sprach er: »du darfst dir noch dreierlei ausbitten, aber es müssen leblose Dinge sein, und das darfst du mit ins Schloß nehmen.« Da antwortete er: »so bitt' ich um ein Feuer, eine Drehbank und eine Schnitzbank mit dem Messer.«

Der König ließ ihm das alles bei Tage in das Schloß tragen. Als es Nacht werden wollte, ging der Junge hinauf, machte sich in einer Kammer ein helles Feuer an, stellte die Schnitzbank mit dem Messer daneben und setzte sich auf die Drehbank. »Ach,

2. aber . . . lehren in modern usage: kann mich's lehren Laß . . . Geschwätz Stop your silly chatter 3. ich . . . unterbringe I will try to find a place for you 8. wenn . . . sein if that is your desire, there should be a good opportunity for you here 10. so . . . sollten many a prying person has lost his life already, it would be a real pity if such beautiful eyes should never see the light of day again 13. wenn's . . . wäre however hard it may be 15. Er . . . Ruhe He gave the innkeeper no peace 21. die . . . frei they [the treasures] would be released 25. wenn's . . . wäre if it be permitted 27. du . . . ausbitten you may ask for three things 32. Der . . . tragen The king had all of these things taken into the castle for him during the day

wenn mir's nur gruselte!« sprach er, »aber hier werde ich's auch
nicht lernen.« Gegen Mitternacht wollte er sich sein Feuer einmal aufschüren: wie er so hineinblies, da schrie's plötzlich aus
einer Ecke: »au, miau! was uns friert!« – »Ihr Narren«, rief er,
»was schreit ihr? wenn euch friert, kommt, setzt euch ans Feuer   5
und wärmt euch.« Und wie er das gesagt hatte, kamen zwei
große schwarze Katzen in einem gewaltigen Sprunge herbei,
setzten sich ihm zu beiden Seiten und sahen ihn mit ihren feurigen Augen ganz wild an. Über ein Weilchen, als sie sich gewärmt hatten, sprachen sie: »Kamerad, wollen wir eins in der   10
Karte spielen?« – »Warum nicht?« antwortete er, »aber zeigt
einmal eure Pfoten her.« Da streckten sie die Krallen aus. »Ei«,
sagte er, »was habt ihr lange Nägel! wartet, die muß ich euch
erst abschneiden.« Damit packte er sie beim Kragen, hob sie auf
die Schnitzbank und schraubte ihnen die Pfoten fest. »Euch   15
habe ich auf die Finger gesehen«, sprach er, »da vergeht mir die
Lust zum Kartenspiel«, schlug sie tot und warf sie hinaus ins
Wasser. Als er aber die zwei zur Ruhe gebracht hatte und sich
wieder zu seinem Feuer setzen wollte, da kamen aus allen Ek-
ken und Enden schwarze Katzen und schwarze Hunde an glü-   20
henden Ketten, immer mehr und mehr, daß er sich nicht mehr
bergen konnte: die schrieen greulich, traten ihm auf sein Feuer,
zerrten es auseinander und wollten es ausmachen. Das sah er
ein Weilchen ruhig mit an, als es ihm aber zu arg ward, faßte er
sein Schnitzmesser und rief: »fort mit dir, du Gesindel«, und   25
haute auf sie los. Ein Teil sprang weg, die andern schlug er tot
und warf sie hinaus in den Teich. Als er wiedergekommen war,

2. *Gegen . . . aufschüren* Towards midnight he wanted to stir up his fire 3. *da . . .
Ecke* there came a sudden cry from a corner 4. *was . . . friert* how cold we are
14. *Damit . . . Kragen* Thereupon he seized them by the scruff of the neck
15. *schraubte . . . fest* screwed their paws down tight 16. *da . . . Kartenspiel* I
have lost my desire for card-playing 19. *aus . . . Enden* from all sides and every
corner 24. *als . . . ward* when it became too irksome for him

blies er aus den Funken sein Feuer frisch an und wärmte sich. Und als er so saß, wollten ihm die Augen nicht länger offen bleiben, und er bekam Lust zu schlafen. Da blickte er um sich und sah in der Ecke ein großes Bett; »das ist mir eben recht«, sprach er und legte sich hinein. Als er aber die Augen zutun wollte, so fing das Bett von selbst an zu fahren und fuhr im ganzen Schloß herum. »Recht so«, sprach er, »nur besser zu.« Da rollte das Bett fort, als wären sechs Pferde vorgespannt, über Schwellen und Treppen auf und ab: auf einmal hopp hopp! warf es um, das Unterste zu oberst, daß es wie ein Berg auf ihm lag. Aber er schleuderte Decken und Kissen in die Höhe, stieg heraus und sagte: »nun mag fahren, wer Lust hat«, legte sich an sein Feuer und schlief, bis es Tag war. Am Morgen kam der König, und als er ihn da auf der Erde liegen sah, meinte er, die Gespenster hätten ihn umgebracht, und er wäre tot. Da sprach er: »es ist doch schade um den schönen Menschen.« Das hörte der Junge, richtete sich auf und sprach: »so weit ist's noch nicht!« Da verwunderte sich der König, freute sich aber und fragte, wie es ihm gegangen wäre. »Recht gut«, antwortete er, »eine Nacht wäre herum, die zwei andern werden auch herumgehen.« Als er zum Wirt kam, da machte der große Augen. »Ich dachte nicht«, sprach er, »daß ich dich wieder lebendig sehen würde; hast du nun gelernt, was Gruseln ist?« – »Nein«, sagte er, »es ist alles vergeblich: wenn mir's nur einer sagen könnte!«

Die zweite Nacht ging er abermals hinauf ins alte Schloß, setzte sich zum Feuer und fing sein altes Lied wieder an: »wenn mir's nur gruselte!« Wie Mitternacht herankam, ließ sich ein Lärm und Gepolter hören, erst sachte, dann immer stärker, dann war's ein bißchen still, endlich kam mit lautem Geschrei ein halber Mensch den Schornstein herab und fiel vor ihn hin. »Heda!« rief er, »noch ein halber gehört dazu, das ist zuwenig.« Da ging der Lärm von frischem an, es tobte und heulte, und fiel die andere Hälfte auch herab. »Wart«, sprach er, »ich will dir erst das Feuer ein wenig anblasen.« Wie er das getan hatte und sich wieder umsah, da waren die beiden Stücke zu-

1. *blies . . . an* he fanned the embers of his fire to life again 3. *er . . . schlafen* he felt the desire to sleep 7. *nur . . . zu* go right ahead 8. *als . . . vorgespannt* as if six horses were harnessed to it 9. *auf . . . oberst* all of a sudden whoops! it turned upside down 17. *so . . . nicht* it has not come to that yet 19. *eine . . . herum* one night is over 27. *ließ . . . hören* there was a noise and tumbling about 31. *Heda! . . . dazu* Hey! he shouted, there should be another half 32. *Da . . . an* then the noise began all over again

sammengefahren, und saß da ein greulicher Mann auf seinem
Platz. »So haben wir nicht gewettet«, sprach der Junge, »die
Bank ist mein.« Der Mann wollte ihn wegdrängen, aber der
Junge ließ sich's nicht gefallen, schob ihn mit Gewalt weg und
setzte sich wieder auf seinen Platz. Da fielen noch mehr Männer   5
herab, einer nach dem andern, die holten neun Totenbeine und
zwei Totenköpfe, setzten auf und spielten Kegel. Der Junge bekam auch Lust und fragte: »hört ihr, kann ich mit sein?« – »Ja,
wenn du Geld hast.« – »Geld genug«, antwortete er, »aber eure
Kugeln sind nicht recht rund.« Da nahm er die Totenköpfe,   10
setzte sie in die Drehbank und drehte sie rund. »So, jetzt werden sie besser schüppeln«, sprach er, »heida! nun geht's lustig!«
Er spielte mit und verlor etwas von seinem Geld, als es aber
zwölf Uhr schlug, war alles vor seinen Augen verschwunden.
Er legte sich nieder und schlief ruhig ein. Am andern Morgen   15

2. *So . . . gewettet* That is not part of the bargain 3. *aber . . . gefallen* but the boy
would not have it 7. *Der . . . Lust* The boy wanted to play too 11. *jetzt . . . lustig*
now they will roll better, he said, heigh-ho! now we'll have fun

kam der König und wollte sich erkundigen. »Wie ist dir's diesmal gegangen?« fragte er. – »Ich habe gekegelt«, antwortete er,
»und ein paar Heller verloren.« – »Hat dir denn nicht gegru-
selt?« – »Ei was«, sprach er, »lustig hab' ich mich gemacht.
Wenn ich nur wüßte, was Gruseln wäre!«

In der dritten Nacht setzte er sich wieder auf seine Bank und
sprach ganz verdrießlich: »wenn es mir nur gruselte!« Als es
spät ward, kamen sechs große Männer und brachten eine Totenlade hereingetragen. Da sprach er: »ha, ha, das ist gewiß
mein Vetterchen, das erst vor ein paar Tagen gestorben ist«,
winkte mit dem Finger und rief: »komm, Vetterchen, komm!«
Sie stellten den Sarg auf die Erde, er aber ging hinzu und nahm
den Deckel ab: da lag ein toter Mann darin. Er fühlte ihm ans
Gesicht, aber es war kalt wie Eis. »Wart«, sprach er, »ich will
dich ein bißchen wärmen«, ging ans Feuer, wärmte seine Hand
und legte sie ihm aufs Gesicht, aber der Tote blieb kalt. Nun
nahm er ihn heraus, setzte sich ans Feuer und legte ihn auf seinen Schoß und rieb ihm die Arme, damit das Blut wieder in Be-
wegung kommen sollte. Als auch das nichts helfen wollte, fiel
ihm ein: »wenn zwei zusammen im Bett liegen, so wärmen sie
sich«, brachte ihn ins Bett, deckte ihn zu und legte sich neben
ihn. Über ein Weilchen ward auch der Tote warm und fing an
sich zu regen. Da sprach der Junge: »siehst du, Vetterchen,
hätt' ich dich nicht gewärmt!« Der Tote aber hub an und rief:
»jetzt will ich dich erwürgen.« – »Was«, sagte er, »ist das mein
Dank? gleich sollst du wieder in deinen Sarg«, hub ihn auf, warf
ihn hinein und machte den Deckel zu; da kamen die sechs Männer und trugen ihn wieder fort. »Es will mir nicht gruseln«,
sagte er, »hier lerne ich's mein Lebtag nicht.«

Da trat ein Mann herein, der war größer als alle andere und
sah fürchterlich aus; er war aber alt und hatte einen langen weißen Bart. »O du Wicht«, rief er, »nun sollst du bald lernen, was
Gruseln ist; denn du sollst sterben.« – »Nicht so schnell«, antwortete der Junge, »soll ich sterben, so muß ich auch dabei
sein.« – »Dich will ich schon packen«, sprach der Unhold. –

---

4. *lustig* . . . *gemacht* I had a good time 12. *er* . . . *hinzu* he went to it 18. *damit*
. . . *sollte* so that the blood might circulate again 19. *fiel* . . . *ein* it occurred to
him 24. *hätt'* . . . *gewärmt* if I had not warmed you *Der* . . . *an* But the corpse
got up 26. *gleich* . . . *Sarg* back you go into your coffin 34. *soll* . . . *sein* if I am
to die, I must have a say in the matter 35. *Dich* . . . *packen* I will soon get hold of
you

»Sachte, sachte, mach dich nicht so breit; so stark wie du bin ich auch und wohl noch stärker.« – »Das wollen wir sehn«, sprach der Alte, »bist du stärker als ich, so will ich dich gehn lassen; komm, wir wollen's versuchen.« Da führte er ihn durch dunkle Gänge zu einem Schmiedefeuer, nahm eine Axt und schlug den einen Amboß mit einem Schlag in die Erde. »Das kann ich noch besser«, sprach der Junge und ging zu dem andern Amboß: der Alte stellte sich neben hin und wollte zusehen, und sein weißer Bart hing herab. Da faßte der Junge die Axt, spaltete den Amboß auf einen Hieb und klemmte den Bart des Alten mit hinein. »Nun hab' ich dich«, sprach der Junge, »jetzt ist das Sterben an dir.« Dann faßte er eine Eisenstange und schlug auf den Alten los, bis er wimmerte und bat, er möchte aufhören, er wollte ihm große Reichtümer geben. Der Junge zog die Axt raus und ließ ihn los. Der Alte führte ihn wieder ins Schloß zurück und zeigte ihm in einem Keller drei Kasten voll Gold. »Davon«, sprach er, »ist ein Teil den Armen, der andere dem König, der dritte dein.« Indem schlug es zwölfe, und der Geist verschwand, also daß der Junge im Finstern stand. »Ich werde mir doch heraushelfen können«, sprach er, tappte herum, fand den Weg in die Kammer und schlief dort bei seinem Feuer ein. Am andern Morgen kam der König und sagte: »nun wirst du gelernt haben, was Gruseln ist?« – »Nein«, antwortete er, »was ist's nur? Mein toter Vetter war da, und ein bärtiger Mann ist gekommen, der hat mir da unten viel Geld gezeigt, aber was Gruseln ist, hat mir keiner gesagt.« Da sprach der König: »du hast das Schloß erlöst und sollst meine Tochter heiraten.« – »Das ist all recht gut«, antwortete er, »aber ich weiß noch immer nicht, was Gruseln ist.«

Da ward das Gold heraufgebracht und die Hochzeit gefeiert, aber der junge König, so lieb er seine Gemahlin hatte und so vernügt er war, sagte doch immer: »wenn mir nur gruselte, wenn mir nur gruselte.« Das verdroß sie endlich. Ihr Kammermädchen sprach: »ich will Hilfe schaffen, das Gruseln soll er schon lernen.« Sie ging hinaus zum Bach, der durch den Garten

1. *Sachte . . . breit* Gently, gently, don't talk so big   9. *spaltete . . . hinein* split the anvil at one blow and caught the old man's beard in it   11. *jetzt . . . dir* now it is your turn to die   18. *Indem . . . zwölfe* Just then it struck twelve   19. *Ich . . . können* I will find my way out of this   23. *was . . . nur* what can it be   31. *aber . . . immer* but the young king as much as he loved his wife and as happy as he was, still kept saying   34. *ich . . . schaffen* I will find a remedy

floß, und ließ sich einen ganzen Eimer voll Gründlinge holen.
Nachts, als der junge König schlief, mußte seine Gemahlin ihm
die Decke wegziehen und den Eimer voll kalt Wasser mit den
Gründlingen über ihn herschütten, daß die kleinen Fische um
ihn herum zappelten. Da wachte er auf und rief: »ach, was gruselt mir, was gruselt mir, liebe Frau! Ja, nun weiß ich, was Gruseln ist.«

1. *ließ* . . . *holen* had a whole bucketful of minnows brought to her 3. *den* . . . .
zappelten empty the bucket full of cold water and the minnows over him, so that the
little fishes slithered all over him

92

Rumpelstilzchen

Es war einmal ein Müller, der war arm, aber er hatte eine schöne Tochter. Nun traf es sich, daß er mit dem König zu sprechen kam, und um sich ein Ansehen zu geben, sagte er zu ihm: »ich habe eine Tochter, die kann Stroh zu Gold spinnen.« Der König sprach zum Müller: »das ist eine Kunst, die mir wohl gefällt! Wenn deine Tochter so geschickt ist, wie du sagst, so bring sie morgen in mein Schloß: da will ich sie auf die Probe stellen.« Als nun das Mädchen zu ihm gebracht ward, führte er es in eine Kammer, die ganz voll Stroh lag, gab ihr Rad und Haspel und sprach: »jetzt mache dich an die Arbeit, und wenn du diese Nacht durch bis morgen früh dieses Stroh nicht zu Gold versponnen hast, so mußt du sterben.« Darauf schloß er die Kammer selbst zu, und sie blieb allein darin.

Da saß nun die arme Müllerstochter und wußte um ihr Leben keinen Rat: sie verstand gar nichts davon, wie man Stroh zu Gold spinnen konnte, und ihre Angst ward immer größer, daß sie endlich zu weinen anfing. Da ging auf einmal die Türe auf, und trat ein kleines Männchen herein und sprach: »guten Abend, Jungfer Müllerin, warum weint Sie so sehr?« – »Ach«, antwortete das Mädchen, »ich soll Stroh zu Gold spinnen und verstehe das nicht.« Sprach das Männchen: »was gibst du mir, wenn ich dir's spinne?« – »Mein Halsband«, sagte das Mädchen. Das Männchen nahm das Halsband, setzte sich vor das Rädchen, und schnurr, schnurr, schnurr, dreimal gezogen, war die Spule voll. Dann steckte es eine andere auf, und schnurr, schnurr, schnurr, dreimal gezogen, war auch die zweite voll: und so ging's fort bis zum Morgen, da war alles Stroh versponnen, und alle Spulen waren voll Gold. Bei Sonnenaufgang kam schon der König, und als er das Gold erblickte, erstaunte er und freute sich, aber sein Herz ward nur noch goldgieriger. Er ließ die Müllerstochter in eine andere Kammer voll Stroh bringen, die noch viel größer war, und befahl ihr, das auch in einer Nacht zu spinnen, wenn ihr das Leben lieb wäre. Das Mädchen

1. *Rumpelstilzchen* The name has no meaning. It is just an unusual name fitting an unusual character, a dwarf 3. *Nun . . . kam* Now it happened one day that he chanced to speak with the king 4. *um . . . geben* in order to give himself an air of importance 8. *da . . . stellen* I will put her to the test 11. *jetzt . . . Arbeit* now get to work 15. *wußte . . . Rat* for the life of her did not know what to do 25. *schnurr . . . voll* whirr, whirr, whirr, three turns, and the reel was full 34. *wenn . . . wäre* if she valued her life

wußte sich nicht zu helfen und weinte; da ging abermals die
Türe auf, und das kleine Männchen erschien und sprach:»was
gibst du mir, wenn ich dir das Stroh zu Gold spinne?« – »Meinen Ring von dem Finger«, antwortete das Mädchen. Das
Männchen nahm den Ring, fing wieder an zu schnurren mit
dem Rade und hatte bis zum Morgen alles Stroh zu glänzendem
Gold gesponnen. Der König freute sich über die Maßen bei
dem Anblick, war aber noch immer nicht Goldes satt, sondern
ließ die Müllerstochter in eine noch größere Kammer voll Stroh
bringen und sprach:»die mußt du noch in dieser Nacht verspinnen: gelingt dir's aber, so sollst du meine Gemahlin werden. – Wenn's auch eine Müllerstochter ist«, dachte er, »eine
reichere Frau finde ich in der ganzen Welt nicht.« Als das Mädchen allein war, kam das Männlein zum drittenmal wieder und
sprach:»was gibst du mir, wenn ich dir noch diesmal das Stroh
spinne?« – »Ich habe nichts mehr, das ich geben könnte«, antwortete das Mädchen.»So versprich mir, wenn du Königin
wirst, dein erstes Kind.« – »Wer weiß, wie das noch geht«,
dachte die Müllerstochter und wußte sich auch in der Not nicht
anders zu helfen; sie versprach also dem Männchen, was es verlangte, und das Männchen spann dafür noch einmal das Stroh
zu Gold. Und als am Morgen der König kam und alles fand, wie
er gewünscht hatte, so hielt er Hochzeit mit ihr, und die schöne
Müllerstochter ward eine Königin.

Über ein Jahr brachte sie ein schönes Kind zur Welt und
dachte gar nicht mehr an das Männchen: da trat es plötzlich in
ihre Kammer und sprach:»nun gib mir, was du versprochen
hast.« Die Königin erschrak und bot dem Männchen alle Reichtümer des Königreichs an, wenn es ihr das Kind lassen wollte,
aber das Männchen sprach:»nein, etwas Lebendes ist mir lieber
als alle Schätze der Welt.« Da fing die Königin so an zu jammern und zu weinen, daß das Männchen Mitleiden mit ihr
hatte:»drei Tage will ich dir Zeit lassen«, sprach er,»wenn du
bis dahin meinen Namen weißt, so sollst du dein Kind behalten.«

---

7. *Der . . . satt* The king rejoiced beyond measure at the sight, but he still had not
gold enough   11. *gelingt . . . aber* but if you succeed   12. *Wenn's . . . ist* Even
though she is only a miller's daughter   18. *Wer . . . geht* Who knows what may
happen   19. *wußte . . . helfen* in her distress she did not know what else to do
25. *Über . . . Jahr* A year later   30. *etwas . . . Welt* a living creature is dearer to me
than all the treasures in the world   34. *bis dahin* by that time

Nun besann sich die Königin die ganze Nacht über auf alle Namen, die sie jemals gehört hatte, und schickte einen Boten über Land, der sollte sich erkundigen weit und breit, was es sonst noch für Namen gäbe. Als am andern Tag das Männchen kam, fing sie an mit Kaspar, Melchior, Balzer und sagte alle Namen, die sie wußte, nach der Reihe her, aber bei jedem sprach das Männlein: »so heiß' ich nicht.« Den zweiten Tag ließ sie in der Nachbarschaft herumfragen, wie die Leute da genannt würden, und sagte dem Männlein die ungewöhnlichsten und seltsamsten Namen vor: »heißt du vielleicht Rippenbiest oder Hammelswade oder Schnürbein?« aber es antwortete immer: »so heiß' ich nicht.« Den dritten Tag kam der Bote wieder zurück und erzählte: »neue Namen habe ich keinen einzigen finden können, aber wie ich an einen hohen Berg um die Waldecke kam, wo Fuchs und Has sich gute Nacht sagen, so sah ich da ein kleines Haus, und vor dem Haus brannte ein Feuer, und um das Feuer sprang ein gar zu lächerliches Männchen, hüpfte auf einem Bein und schrie:

> »heute back' ich, morgen brau' ich,
> übermorgen hol' ich der Königin ihr Kind;
> ach, wie gut ist, daß niemand weiß,
> daß ich Rumpelstilzchen heiß'!«

3. *was ... gäbe* what other names there were 6. *nach ... Reihe* one after the other 10. *Rippenbiest ... Schnürbein* as the context reveals these names are invented for their sheer nonsense value 15. *wo ... sagen* where the fox and the hare bid each other good night (common description for an extremely remote place) 17. *ein ... Männchen* the funniest little man

Da könnt ihr denken, wie die Königin froh war, als sie den Namen hörte, und als bald hernach das Männlein hereintrat und fragte:»nun, Frau Königin, wie heiß' ich?« fragte sie erst:»heißest du Kunz?« – »Nein.« – »Heißest du Heinz?« – »Nein.« – »Heißt du etwa Rumpelstilzchen?«

»Das hat dir der Teufel gesagt, das hat dir der Teufel gesagt«, schrie das Männlein und stieß mit dem rechten Fuß vor Zorn so tief in die Erde, daß es bis an den Leib hineinfuhr: dann packte es in seiner Wut den linken Fuß mit beiden Händen und riß sich selbst mitten entzwei.

1. *Da . . . denken* You can well imagine 8. *daß . . . hineinfuhr* that he went in up to his waist 10. *riß . . . entzwei* tore himself in two

Der Bärenhäuter

Es war einmal ein junger Kerl, der ließ sich als Soldat anwerben,
hielt sich tapfer und war immer der vorderste, wenn es blaue
Bohnen regnete. Solange der Krieg dauerte, ging alles gut, aber
als Friede geschlossen war, erhielt er seinen Abschied, und der
Hauptmann sagte, er könnte gehen, wohin er wollte. Seine Eltern waren tot, und er hatte keine Heimat mehr, da ging er zu
seinen Brüdern und bat, sie möchten ihm so lange Unterhalt geben, bis der Krieg wieder anfinge. Die Brüder aber waren hartherzig und sagten: »was sollen wir mit dir? Wir können dich
nicht brauchen; sieh zu, wie du dich durchschlägst.« Der Soldat
hatte nichts übrig als sein Gewehr, das nahm er auf die Schulter
und wollte in die Welt gehen. Er kam auf eine große Heide, auf

5

10

1. *Bärenhäuter* The Man in the Bear's Skin (From *Der Bär* = bear and *Die Haut* =
skin) 2. *der . . . anwerben* who enlisted as a soldier 3. *war . . . regnete* was
always up front when it rained bullets 8. *bat . . . geben* asked them to take him in
and keep him 10. *was . . . dir* add: *tun* 11. *sieh . . . durchschlägst* see to it that
you make a living for yourself

der nichts zu sehen war als ein Ring von Bäumen: darunter setzte er sich ganz traurig nieder und sann über sein Schicksal nach. »Ich habe kein Geld«, dachte er, »ich habe nichts gelernt als das Kriegshandwerk, und jetzt, weil Friede geschlossen ist, brauchen sie mich nicht mehr; ich sehe voraus, ich muß verhungern.« Auf einmal hörte er ein Brausen, und wie er sich umblickte, stand ein unbekannter Mann vor ihm, der einen grünen Rock trug, recht stattlich aussah, aber einen garstigen Pferdefuß hatte. »Ich weiß schon, was dir fehlt«, sagte der Mann, »Geld und Gut sollst du haben, soviel du mit aller Gewalt durchbringen kannst, aber ich muß zuvor wissen, ob du dich nicht fürchtest, damit ich mein Geld nicht umsonst ausgebe.« »Ein Soldat und Furcht, wie paßt das zusammen?« antwortete er, »du kannst mich auf die Probe stellen.« »Wohlan«, antwortete der Mann, »schau hinter dich.« Der Soldat kehrte sich um und sah einen großen Bär, der brummend auf ihn zutrabte. »Oho«, rief der Soldat, »dich will ich an der Nase kitzeln, daß dir die Lust zum Brummen vergehen soll«, legte an und schoß den Bär auf die Schnauze, daß er zusammenfiel und sich nicht mehr regte. »Ich sehe wohl«, sagte der Fremde, »daß dir's an Mut nicht fehlt aber es ist noch eine Bedingung dabei, die mußt du erfüllen.« »Wenn mir's an meiner Seligkeit nicht schadet«, antwortete der Soldat, der wohl merkte, wen er vor sich hatte, »sonst lass' ich mich auf nichts ein.« »Das wirst du selber sehen«, antwortete der Grünrock, »du darfst dich in den nächsten sieben Jahren dich nicht waschen, dir Bart und Haare nicht kämmen, die Nägel nicht schneiden und kein Vaterunser beten. Dann will ich dir einen Rock und Mantel geben, den mußt du in dieser Zeit tragen. Stirbst du in diesen sieben Jahren, so bist du mein, bleibst du aber leben, so bist du frei und bist reich dazu für dein Lebtag.« Der Soldat dachte an die große Not, in der er sich befand, und da er so oft in den Tod gegangen war, wollte er es auch jetzt wagen und willigte ein. Der Teufel zog den grünen Rock aus, reichte ihn dem Soldaten hin und sagte: »wenn du den Rock an deinem Leibe hast und in die Tasche greifst, so

6. *Auf einmal* All of a sudden   9. *was . . . fehlt* what you want   10. *soviel . . . kannst* as much as you can spend by hook or by crook   14. *du . . . stellen* you can put me to the test   17. *daß . . . soll* so that you will lose your desire for growling   22. *Wenn . . . schadet* If it does not endanger my soul   24. *sonst . . . ein* otherwise I will have nothing to do with it   29. *Stirbst du = Wenn du . . . stirbst*   30. *bist . . . Lebtag* be rich to boot for the rest of your life   32. *da . . . war* since he had faced death so often

wirst du die Hand immer voll Geld haben.« Dann zog er dem
Bären die Haut ab und sagte:»das soll dein Mantel sein und
auch dein Bett; denn darauf mußt du schlafen und darfst in kein
anderes Bett kommen. Und dieser Tracht wegen sollst du Bärenhäuter heißen.« Hierauf verschwand der Teufel.   5
Der Soldat zog den Rock an, griff gleich in die Tasche und
fand, daß die Sache ihre Richtigkeit hatte. Dann hing er die Bä-
renhaut um, ging in die Welt, war guter Dinge und unterließ
nichts, was ihm wohl und dem Gelde wehe tat. Im ersten Jahr
ging es noch leidlich, aber in dem zweiten sah er schon aus wie   10
ein Ungeheuer. Das Haar bedeckte ihm fast das ganze Gesicht,
sein Bart glich einem Stück grobem Filztuch, seine Finger hatten Krallen, und sein Gesicht war so mit Schmutz bedeckt, daß,
wenn man Kresse hinein gesät hätte, sie aufgegangen wäre. Wer
ihn sah, lief fort, weil er aber allerorten den Armen Geld gab,   15
damit sie für ihn beteten, daß er in den sieben Jahren nicht
stürbe, und weil er alles gut bezahlte, so erhielt er doch immer
noch Herberge. Im vierten Jahr kam er in ein Wirtshaus, da
wollte ihn der Wirt nicht aufnehmen und wollte ihm nicht einmal einen Platz im Stall anweisen, weil er fürchtete, seine   20
Pferde würden scheu werden. Doch als der Bärenhäuter in die
Tasche griff und eine Handvoll Dukaten herausholte, so ließ
der Wirt sich erweichen und gab ihm eine Stube im Hintergebäude; doch mußte er versprechen, sich nicht sehen zu lassen,
damit sein Haus nicht in bösen Ruf käme.   25
Als der Bärenhäuter abends allein saß und von Herzen
wünschte, daß die sieben Jahre herum wären, so hörte er in einem Nebenzimmer ein lautes Jammern. Er hatte ein mitleidiges
Herz, öffnete die Türe und erblickte einen alten Mann, der heftig weinte und die Hände über dem Kopf zusammenschlug.   30
Der Bärenhäuter trat näher, aber der Mann sprang auf und
wollte entfliehen. Endlich, als er eine menschliche Stimme ver-
nahm, ließ er sich bewegen, und durch freundliches Zureden
brachte es der Bärenhäuter dahin, daß er ihm die Ursache seines
Kummers offenbarte. Sein Vermögen war nach und nach ge-   35

4. *Und . . . heißen* And because of this costume you are to be called Bearskin   7. *daß
. . . hatte* that everything was really true   9. *war . . . tat* enjoyed himself, refrain-
ing from nothing that did him good and his money harm   13. *daß . . . wäre* that if
cress had been sown on it, it would have grown there   22. *so . . . erweichen* the
innkeeper let himself be persuaded   24. *sich . . . käme* not to let himself be seen, lest
the house should get a bad name   27. *herum wären* were over   30. *die . . . zusammenschlug* wringing his hands above his head   33. *ließ . . . offenbarte* he was
prevailed upon [to stay], and with kind words Bearskin persuaded him to reveal the
cause of his grief

schwunden, er und seine Töchter mußten darben, und er war so arm, daß er den Wirt nicht einmal bezahlen konnte und ins Gefängnis sollte gesetzt werden. »Wenn Ihr weiter keine Sorge habt«, sagte der Bärenhäuter, »Geld habe ich génug.« Er ließ

5 den Wirt herbeikommen, bezahlte ihn und steckte dem Unglücklichen noch einen Beutel voll Gold in die Tasche. Als der alte Mann sich aus seinen Sorgen erlöst sah, wußte er nicht, womit er sich dankbar beweisen sollte. »Komm mit mir«, sprach er zu ihm, »meine Töchter sind Wunder von Schönheit, wähle dir

10 eine davon zur Frau. Wenn sie hört, was du für mich getan hast, so wird sie sich nicht weigern. Du siehst freilich ein wenig seltsam aus, aber sie wird dich schon wieder in Ordnung bringen.« Dem Bärenhäuter gefiel das wohl, und er ging mit. Als ihn die älteste erblickte, entsetzte sie sich so gewaltig vor seinem Ant-

15 litz, daß sie aufschrie und fortlief. Die zweite blieb zwar stehen und betrachtete ihn von Kopf bis zu Füßen, dann aber sprach sie: »wie kann ich einen Mann nehmen, der keine menschliche Gestalt mehr hat? Da gefiel mir der rasierte Bär noch besser, der einmal hier zu sehen war und sich für einen Menschen ausgab,

20 der hatte doch einen Husarenpelz an und weiße Handschuhe. Wenn er nur häßlich wäre, so könnte ich mich an ihn gewöhnen.« Die jüngste aber sprach: »lieber Vater, das muß ein guter Mann sein, der Euch aus der Not geholfen hat; habt Ihr ihm dafür eine Braut versprochen, so muß Euer Wort gehalten wer-

25 den.« Es war schade, daß das Gesicht des Bärenhäuters von Schmutz und Haaren bedeckt war, sonst hätte man sehen können, wie ihm das Herz im Leibe lachte, als er diese Worte hörte. Er nahm einen Ring von seinem Finger, brach ihn entzwei und gab ihr die eine Hälfte, die andere behielt er für sich. In ihre

30 Hälfte aber schrieb er seinen Namen, und in seine Hälfte schrieb er ihren Namen und bat sie, ihr Stück gut aufzuheben. Hierauf nahm er Abschied und sprach: »ich muß noch drei Jahre wandern, komm' ich aber nicht wieder, so bist du frei, weil ich dann tot bin. Bitte aber Gott, daß er mir das Leben er-

35 hält.«

3. *Wenn . . . habt* If you have no other worries 12. *sie . . . bringen* she will get you back in shape again 18. *Da . . . ausgab* the clean-shaven bear who was once on show here and passed himself off as a man pleased me better 23. *habt . . . versprochen = wenn Ihr ihm dafür eine Braut versprochen habt* 26. *sonst . . . lachte* otherwise they could have seen how his heart leaped with joy 33. *komm' . . . wieder = wenn ich aber nicht wiederkomme*

Die arme Braut kleidete sich ganz schwarz, und wenn sie an ihren Bräutigam dachte, so kamen ihr die Tränen in die Augen. Von ihren Schwestern ward ihr nichts als Hohn und Spott zuteil. »Nimm dich in acht«, sprach die älteste, »wenn du ihm die Hand reichst, so schlägt er dir mit der Tatze darauf.« »Hüte dich«, sagte die zweite, »die Bären lieben die Süßigkeit, und wenn du ihm gefällst, so frißt er dich auf.« »Du mußt nur immer seinen Willen tun«, hub die älteste wieder an, »sonst fängt er an zu brummen.« Und die zweite fuhr fort: »aber die Hochzeit wird lustig sein, Bären, die tanzen gut.« Die Braut schwieg still und ließ sich nicht irre machen. Der Bärenhäuter aber zog in der Welt herum, von einem Ort zum andern, tat Gutes, wo er konnte, und gab den Armen reichlich, damit sie für ihn beteten. Endlich als der letzte Tag von den sieben Jahren anbrach, ging er wieder hinaus auf die Heide und setzte sich unter den Ring von Bäumen. Nicht lange, so sauste der Wind, und der Teufel stand vor ihm und blickte ihn verdrießlich an; dann warf er ihm den alten Rock hin und verlangte seinen grünen zurück. »So weit sind wir noch nicht«, antwortete der Bärenhäuter, »erst sollst du mich reinigen.« Der Teufel mochte wollen oder nicht, er mußte Wasser holen, den Bärenhäuter abwaschen, ihm die Haare kämmen und die Nägel schneiden. Hierauf sah er wie ein tapferer Kriegsmann aus und war viel schöner als je vorher.

Als der Teufel glücklich abgezogen war, so war es dem Bärenhäuter ganz leicht ums Herz. Er ging in die Stadt, tat einen prächtigen Sammetrock an, setzte sich in einen Wagen, mit vier Schimmeln bespannt, und fuhr zu dem Haus seiner Braut. Niemand erkannte ihn, der Vater hielt ihn für einen vornehmen Feldobrist und führte ihn in das Zimmer, wo seine Töchter saßen. Er mußte sich zwischen den beiden ältesten niederlassen: sie schenkten ihm Wein ein, legten ihm die besten Bissen vor und meinten, sie hätten keinen schönern Mann auf der Welt gesehen. Die Braut aber saß in schwarzem Kleide ihm gegenüber, schlug die Augen nicht auf und sprach kein Wort. Als er endlich

3. *Von . . . zuteil* From her sisters she had nothing but scorn and mockery 4. *Nimm . . . acht* Be careful 8. *hub . . . an* the eldest began again 11. *ließ . . . irremachen* would not be provoked 20. *Der . . . nicht* Whether the Devil liked it or not 25. *Als . . . Herz* When the Devil had finally gone away, Bearskin was very light of heart 32. *legten . . . vor* gave him the best tidbits

den Vater fragte, ob er ihm eine seiner Töchter zur Frau geben
wollte, so sprangen die beiden ältesten auf, liefen in ihre Kammer und wollten prächtige Kleider anziehen; denn eine jede bil-
dete sich ein, sie wäre die Auserwählte. Der Fremde, sobald er
mit seiner Braut allein war, holte den halben Ring hervor und
warf ihn in einen Becher mit Wein, den er ihr über den Tisch
reichte. Sie nahm ihn an, aber als sie getrunken hatte und den
halben Ring auf dem Grund liegen fand, so schlug ihr das Herz.
Sie holte die andere Hälfte, die sie an einem Band um den Hals
trug, hielt sie daran, und es zeigte sich, daß beide Teile vollkommen zueinander paßten. Da sprach er: »ich bin dein ver-
lobter Bräutigam, den du als Bärenhäuter gesehen hast, aber
durch Gottes Gnade habe ich meine menschliche Gestalt wie-

3. *denn . . . Auserwählte* for each of them imagined she was the chosen one
10. *hielt . . . daran* placed it against it (i.e. joined the two halves) *es . . . paßten* it
became clear that the two parts fitted exactly together

der erhalten und bin wieder rein geworden.« Er ging auf sie zu,
umarmte sie und gab ihr einen Kuß. Indem kamen die beiden
Schwestern in vollem Putz herein, und als sie sahen, daß der
schöne Mann der jüngsten zuteil geworden war, und hörten,
daß das der Bärenhäuter war, liefen sie voll Zorn und Wut hin-   5
aus; die eine ersäufte sich im Brunnen, die andere erhenkte sich
an einem Baum. Am Abend klopfte jemand an der Türe, und als
der Bräutigam öffnete, so war's der Teufel im grünen Rock, der
sprach: »siehst du, nun habe ich zwei Seelen für deine eine.«

2. *Indem . . . herein* Just then the two sisters entered in full array   3. *daß . . . war*
that the handsome man had fallen to the lot of the youngest sister

Frau Holle

Eine Witwe hatte zwei Töchter, davon war die eine schön und
fleißig, die andere häßlich und faul. Sie hatte aber die häßliche
und faule, weil sie ihre rechte Tochter war, viel lieber, und die
andere mußte alle Arbeit tun und der Aschenputtel im Hause
sein. Das arme Mädchen mußte sich täglich auf die große Straße
bei einem Brunnen setzen und mußte so viel spinnen, daß ihm
das Blut aus den Fingern sprang. Nun trug es sich zu, daß die
Spule einmal ganz blutig war; da bückte es sich damit in den
Brunnen und wollte sie abwaschen: sie sprang ihm aber aus der
Hand und fiel hinab. Es weinte, lief zur Stiefmutter und erzählte ihr das Unglück. Sie schalt es aber so heftig und war so
unbarmherzig, daß sie sprach: »hast du die Spule hinunterfallen
lassen, so hol sie auch wieder herauf.« Da ging das Mädchen zu
dem Brunnen zurück und wußte nicht, was es anfangen sollte:
und in seiner Herzensangst sprang es in den Brunnen hinein,

5. *der Aschenputtel* Cinderella (usually neuter gender, *das Aschenputtel*. Compare
story in this volume p. 8) 13. *hast du* since you have 16. *in . . . Herzensangst*
in her heart's anguish

um die Spule zu holen. Es verlor die Besinnung, und als es erwachte und wieder zu sich selber kam, war es auf einer schönen Wiese, wo die Sonne schien, und viel tausend Blumen standen. Auf dieser Wiese ging es fort und kam zu einem Backofen, der war voller Brot; das Brot aber rief:»ach, zieh mich raus, zieh mich raus, sonst verbrenn' ich: ich bin schon längst ausgebakken.« Da trat es herzu und holte mit dem Brotschieber alles nacheinander heraus. Danach ging es weiter und kam zu einem Baum, der hing voll Äpfel und rief ihm zu:»ach, schüttel mich, schüttel mich, wir Äpfel sind alle miteinander reif.« Da schüttelte es den Baum, daß die Äpfel fielen, als regneten sie, und schüttelte, bis keiner mehr oben war; und als es alle in einen Haufen zusammengelegt hatte, ging es wieder weiter. Endlich kam es zu einem kleinen Haus, daraus guckte eine alte Frau, weil sie aber so große Zähne hatte, ward ihm angst, und es wollte fortlaufen. Die alte Frau aber rief ihm nach:»was fürchtest du dich, liebes Kind? Bleib bei mir, wenn du alle Arbeit im Hause ordentlich tun willst, so soll dir's gut gehn. Du mußt nur acht geben, daß du mein Bett gut machst und es fleißig aufschüttelst, daß die Federn fliegen. Dann schneit es in der Welt*); ich bin die Frau Holle.« Weil die Alte ihm so gut zusprach, so faßte sich das Mädchen ein Herz, willigte ein und begab sich in ihren Dienst. Es besorgte auch alles nach ihrer Zufriedenheit und schüttelte ihr das Bett immer gewaltig auf, daß die Federn wie Schneeflocken umherflogen; dafür hatte es auch ein gut Leben bei ihr, kein böses Wort und alle Tage Gesottenes und Gebratenes. Nun war es eine Zeitlang bei der Frau Holle, da ward es traurig und wußte anfangs selbst nicht, was ihm fehlte, endlich merkte es, daß es Heimweh war; ob es ihm hier gleich viel tausendmal besser ging als zu Haus, so hatte es doch ein Verlangen dahin. Endlich sagte es zu ihr:»ich habe den Jammer nach Haus kriegt, und wenn es mir auch noch so gut hier unten geht, so kann ich doch nicht länger bleiben, ich muß wieder hinauf zu den Meinigen.« Die Frau Holle sagte:»es ge-

*Darum sagt man in Hessen, wenn es schneit:»Die Frau Holle macht ihr Bett.«

5. *zieh mich raus = zieh mich heraus* take me out 6. *ich . . . ausgebacken* I was done long ago 11. *als . . . sie = als ob sie regneten* like rain 2. *faßte . . . Herz* the girl took courage 29. *ob . . . gleich = obgleich es ihm hier* 31. *ich . . . kriegt* I have got a terrible homesickness 32. *wenn . . . geht* however well I fare down here 34. *zu . . . Meinigen* to my own people

fällt mir, daß du wieder nach Haus verlangst, und weil du mir so treu gedient hast, so will ich dich selbst wieder hinaufbringen.« Sie nahm es darauf bei der Hand und führte es vor ein großes Tor.

5 Das Tor ward aufgetan, und wie das Mädchen gerade darunter stand, fiel ein gewaltiger Goldregen, und alles Gold blieb an ihm hängen, so daß es über und über davon bedeckt war. »Das sollst du haben, weil du so fleißig gewesen bist«, sprach die Frau Holle und gab ihm auch die Spule wieder, die ihm in den Brunnen gefallen war.

10 Darauf ward das Tor verschlossen, und das Mädchen befand sich oben auf der Welt, nicht weit von seiner Mutter Haus: und als es in den Hof kam, saß der Hahn auf dem Brunnen und rief:
> »kikeriki,
> unsere goldene Jungfrau ist wieder, hie.«

15 Da ging es hinein zu seiner Mutter, und weil es so gut mit Gold bedeckt ankam, ward es von ihr und der Schwester gut aufgenommen.

Das Mädchen erzählte alles, was ihm begegnet war, und als die Mutter hörte, wie es zu dem großen Reichtum gekommen

20 war, wollte sie der andern häßlichen und faulen Tochter gerne dasselbe Glück verschaffen. Sie mußte sich an den Brunnen setzen und spinnen, und damit ihre Spule blutig ward, stach sie sich in die Finger und stieß sich die Hand in die Dornhecke. Dann warf sie die Spule in den Brunnen und sprang selber hin-

25 ein. Sie kam wie die andere auf die schöne Wiese und ging auf demselben Pfade weiter. Als sie zu dem Backofen gelangte, schrie das Brot wieder: »ach, zieh mich raus, zieh mich raus, sonst verbrenn' ich, ich bin schon längst ausgebacken.« Die Faule aber antwortete: »da hätt' ich Lust, mich schmutzig zu

30 machen«, und ging fort. Bald kam sie zu dem Apfelbaum, der rief: »ach, schüttel mich, schüttel mich, wir Äpfel sind alle miteinander reif.« Sie antwortete aber: »du kommst mir recht, es könnte mir einer auf den Kopf fallen«, und ging damit weiter. Als sie vor der Frau Holle Haus kam, fürchtete sie sich nicht,

35 weil sie von ihren großen Zähnen schon gehört hatte, und ver-

---

6. *so . . . war* so that she was completely covered with it **14.** *hie = hier* **23.** *stieß . . . Dornhecke* she pushed her hand into the thorn hedge **29.** *da . . . machen* (ironically) now I think I should like to dirty myself **32.** *du . . . recht* (ironically) I like that **35.** *und . . . ihr* and went to work for her immediately

dingte sich gleich zu ihr. Am ersten Tag tat sie sich Gewalt an, war fleißig und folgte der Frau Holle, wenn sie ihr etwas sagte; denn sie dachte an das viele Gold, das sie ihr schenken würde; am zweiten Tag aber fing sie schon an zu faulenzen, am dritten noch mehr, da wollte sie morgens gar nicht aufstehen. Sie machte auch der Frau Holle das Bett nicht, wie sich's gebührte, und schüttelte es nicht, daß die Federn aufflogen. Das ward die Frau Holle bald müde und sagte ihr den Dienst auf. Die Faule war das wohl zufrieden und meinte, nun würde der Goldregen

5

1. *tat . . . an* she forced herself 6. *wie . . . gebührte* as she should 8. *Die . . . zufrieden* The lazy girl was well pleased with that

kommen; die Frau Holle führte sie auch zu dem Tor, als sie aber darunter stand, ward statt des Goldes ein großer Kessel voll Pech ausgeschüttet. »Das ist zur Belohnung deiner Dienste«, sagte die Frau Holle und schloß das Tor zu. Da kam die Faule heim, aber sie war ganz mit Pech bedeckt, und der Hahn auf dem Brunnen, als er sie sah, rief:

>»kikeriki,

>unsere schmutzige Jungfrau ist wieder hie.«

Das Pech aber blieb fest an ihr hängen und wollte, solange sie lebte, nicht abgehen.

Rotkäppchen

Es war einmal eine kleine süße Dirne, die hatte jedermann lieb,
der sie nur ansah, am allerliebsten aber ihre Großmutter, die
wußte gar nicht, was sie alles dem Kinde geben sollte. Einmal
schenkte sie ihm ein Käppchen von rotem Sammet, und weil
ihm das so wohl stand, und es nichts anders mehr tragen wollte,
hieß es nur das Rotkäppchen. Eines Tages sprach seine Mutter
zu ihm: »komm, Rotkäppchen, da hast du ein Stück Kuchen
und eine Flasche Wein, bring das der Großmutter hinaus; sie ist
krank und schwach und wird sich daran laben. Mach dich auf,
bevor es heiß wird, und wenn du hinauskommst, so geh hübsch
sittsam und lauf nicht vom Weg ab: sonst fällst du und zer-
brichst das Glas, und die Großmutter hat nichts. Und wenn du
in ihre Stube kommst, so vergiß nicht, guten Morgen zu sagen,
und guck nicht erst in alle Ecken herum.«

»Ich will schon alles gut machen«, sagte Rotkäppchen zur
Mutter und gab ihr die Hand darauf. Die Großmutter aber
wohnte draußen im Wald, eine halbe Stunde vom Dorf. Wie
nun Rotkäppchen in den Wald kam, begegnete ihm der Wolf.
Rotkäppchen aber wußte nicht, was das für ein böses Tier war,
und fürchtete sich nicht vor ihm. »Guten Tag, Rotkäppchen«,
sprach er. »Schönen Dank, Wolf.« – »Wo hinaus so früh, Rotkäppchen?« – »Zur Großmutter.« – »Was trägst du unter der

1. *Rotkäppchen* Diminutive of *Rotkappe* = Red-Hat 5. *weil . . . stand* because it
was so becoming to her 10. *wird . . . laben* will enjoy them *Mach . . . auf* Get
started 11. *so . . . sittsam* walk very properly 15. *guck . . . herum* don't first
peep into every corner 20. *was . . . war* what a wicked animal he was

Schürze?« – »Kuchen und Wein: gestern haben wir gebacken; da soll sich die kranke und schwache Großmutter etwas zu gut tun und sich damit stärken.« – »Rotkäppchen, wo wohnt deine Großmutter?« – »Noch eine gute Viertelstunde weiter im Wald, unter den drei großen Eichbäumen, da steht ihr Haus, unten sind die Nußhecken, das wirst du ja wissen«, sagte Rotkäppchen. Der Wolf dachte bei sich: »das junge zarte Ding, das ist ein fetter Bissen, der wird noch besser schmecken als die Alte: du mußt es listig anfangen, damit du beide erschnappst.« Da ging er ein Weilchen neben Rotkäppchen her; dann sprach er: »Rotkäppchen sieh einmal die schönen Blumen, die rings umherstehen, warum, guckst du dich nicht um? ich glaube, du hörst gar nicht, wie die Vöglein so lieblich singen? du gehst ja für dich hin, als wenn du zur Schule gingst, und ist so lustig haußen in dem Wald.«

Rotkäppchen schlug die Augen auf, und als es sah, wie die Sonnenstrahlen durch die Bäume hin und her tanzten, und alles voll schöner Blumen stand, dachte es: »wenn ich der Großmutter einen frischen Strauß mitbringe, der wird ihr auch Freude machen; es ist so früh am Tag, daß ich doch zu rechter Zeit ankomme«, lief vom Wege ab in den Wald hinein und suchte Blumen. Und wenn es eine gebrochen hatte, meinte es, weiter hinaus stände eine schönere, und lief darnach und geriet immer tiefer in den Wald hinein. Der Wolf aber ging geradeswegs nach dem Haus der Großmutter und klopfte an die Türe. »Wer ist draußen?« – »Rotkäppchen, das bringt Kuchen und Wein, mach auf.« – »Drück nur auf die Klinke«, rief die Großmutter, »ich bin zu schwach und kann nicht aufstehen.« Der Wolf drückte auf die Klinke, die Türe sprang auf, und er ging, ohne ein Wort zu sprechen, gerade zum Bett der Großmutter und verschluckte sie. Dann tat er ihre Kleider an, setzte ihre Haube auf, legte sich in ihr Bett und zog die Vorhänge vor.

Rotkäppchen aber war nach den Blumen herumgelaufen, und als es so viel zusammen hatte, daß es keine mehr tragen konnte, fiel ihm die Großmutter wieder ein, und es machte sich

2. *da . . . tun* from this the sick and weak grandmother shall have a treat   9. *du . . . erschnappst* you must act craftily, so as to catch them both   13. *du . . . hin* you are walking straight along   15. *haußen* (archaic) = *hier draußen*   23. *geriet . . . hinein* got deeper and deeper into the wood   27. *Drück . . . Klinke* Just press on the door-handle   35. *fiel . . . ein* she remembered her grandmother

auf den Weg zu ihr. Es wunderte sich, daß die Türe aufstand, und wie es in die Stube trat, so kam es ihm so seltsam darin vor, daß es dachte: »ei, du mein Gott, wie ängstlich wird mir's heute zu Mut, und bin sonst so gerne bei der Großmutter!« – Es rief: »guten Morgen«, bekam aber keine Antwort. Darauf ging es zum Bett und zog die Vorhänge zurück: da lag die Großmutter und hatte die Haube tief ins Gesicht gesetzt und sah so wunderlich aus. »Ei, Großmutter, was hast du für große Ohren!« – »Daß ich dich besser hören kann.« – »Ei, Großmutter, was hast du für große Augen!« – »Daß ich dich besser sehen kann.« – »Ei, Großmutter, was hast du für große Hände!« – »Daß ich dich besser packen kann.« – »Aber, Großmutter, was hast du für ein entsetzlich großes Maul!« – »Daß ich dich besser fressen kann.« – Kaum hatte der Wolf das gesagt, so tat er einen Satz aus dem Bette und verschlang das arme Rotkäppchen.

Wie der Wolf sein Gelüsten gestillt hatte, legte er sich wieder ins Bett, schlief ein und fing an überlaut zu schnarchen. Der Jäger ging eben an dem Haus vorbei und dachte: »wie die alte Frau schnarcht, du mußt doch sehen, ob ihr etwas fehlt.« Da trat er in die Stube, und wie er vor das Bette kam, so sah er, daß der Wolf darin lag. »Finde ich dich hier, du alter Sünder«, sagte er, »ich habe dich lange gesucht.« Nun wollte er seine Büchse

5

10

15

20

2. *so . . . vor* she had such a strange feeling   3. *wie . . . Mut* how uneasy I feel today   14. *so . . . Bette* he was out of bed with one bound   16. *Wie . . . hatte* When the wolf had satisfied his appetite   19. *ob . . . fehlt* whether there is something wrong with her   35. *Nun . . . anlegen* He was about to aim his rifle

anlegen, da fiel ihm ein, der Wolf könnte die Großmutter gefressen haben, und sie wäre noch zu retten: schoß nicht, sondern nahm eine Schere und fing an, dem schlafenden Wolf den Bauch aufzuschneiden. Wie er ein paar Schnitte getan hatte, da

5 sah er das rote Käppchen leuchten, und noch ein paar Schnitte, da sprang das Mädel heraus und rief:»ach, wie war ich erschrocken, wie war's so dunkel in dem Wolf seinem Leib!« Und dann kam die alte Großmutter auch noch lebendig heraus und konnte kaum atmen. Rotkäppchen aber holte geschwind

10 große Steine, damit füllten sie dem Wolf den Leib, und wie er aufwachte, wollte er fortspringen, aber die Steine waren so schwer, daß er gleich niedersank und sich tot fiel.

Da waren alle drei vergnügt; der Jäger zog dem Wolf den Pelz ab und ging damit heim, die Großmutter aß den Kuchen

15 und trank den Wein, den Rotkäppchen gebracht hatte, und erholte sich wieder, Rotkäppchen aber dachte:»du willst dein Lebtag nicht wieder allein vom Wege ab in den Wald laufen, wenn dir's die Mutter verboten hat.«

Es wird auch erzählt, daß einmal, als Rotkäppchen der alten

20 Großmutter wieder Gebackenes brachte, ein anderer Wolf ihm zugesprochen und es vom Wege habe ableiten wollen. Rotkäppchen aber hütete sich und ging gerade fort seines Wegs und sagte der Großmutter, daß es dem Wolf begegnet wäre, der ihm guten Tag gewünscht, aber so bös aus den Augen geguckt hätte:

25 »wenn's nicht auf offner Straße gewesen wäre, er hätte mich gefressen.« – »Komm«, sagte die Großmutter, »wir wollen die Türe verschließen, daß er nicht herein kann.« Bald darnach klopfte der Wolf an und rief:»mach auf, Großmutter, ich bin das Rotkäppchen, ich bring' dir Gebackenes.« Sie schwiegen

30 aber still und machten die Türe nicht auf: da schlich der Graukopf etlichemal um das Haus, sprang endlich aufs Dach und wollte warten, bis Rotkäppchen abends nach Haus ginge; dann wollte er ihm nachschleichen und wollt's in der Dunkelheit fressen. Aber die Großmutter merkte, was er im Sinn hatte.

5. *noch . . . Schnitte* a few more snips   16. *dein . . . wieder* never again in your life
21. *ein . . . wollen* another wolf spoke to her and wanted to tempt her to leave the
path   23. *hütete . . . Wegs* was on her guard and went straight on her way   32. *da
. . . Haus* then Greyhead (i.e. the wolf) sneaked several times around the house

Nun stand vor dem Haus ein großer Steintrog, da sprach sie zu dem Kind: »nimm den Eimer, Rotkäppchen, gestern hab' ich Würste gekocht, da trag das Wasser, worin sie gekocht sind, in den Trog.« Rotkäppchen trug so lange, bis der große, große Trog ganz voll war. Da stieg der Geruch von den Würsten dem Wolf in die Nase, er schnupperte und guckte hinab, endlich machte er den Hals so lang, daß er sich nicht mehr halten konnte und anfing zu rutschen: so rutschte er vom Dach herab, gerade in den großen Trog hinein, und ertrank. Rotkäppchen aber ging fröhlich nach Haus, und tat ihm niemand etwas zuleid.

5

10

6. *endlich . . . konnte* finally he stretched his neck out so far that he lost his balance
10. *tat . . . zuleid* no one did her any harm

The original version in Low German was sent to the Grimm brothers by the German Romantic painter Philipp Otto Runge (1777-1810). Runge comes from Rügen, the largest German island in the Baltic Sea, i.e. from North Germany. There, especially in the coastal cities and in rural areas, Low German is still spoken today. It is not a dialect like Bavarian or Swabian, but a separate language, which in some respects is closer to Dutch and even English than to High German.

A sample of the original Low German text precedes the High German version of the tale.

It is noteworthy that this tale was the inspiration for the modern novel *Der Butt* by Günter Grass.

Von dem Fischer un syner Fru

Dar wöör maal eens en Fischer un syne Fru, de waanden tosamen in'n Pißputt, dicht an der See, un de Fischer güng alle Dage hen un angeld: un he angeld un angeld.

So seet he ook eens by de Angel un seeg jümmer in das blanke Water henin: un he seet un seet.

Do güng de Angel to Grund, deep ünner, un as he se heruphaald, so haald he enen grooten Butt heruut. Do säd de Butt to em: »hör mal, Fischer, ik bidd dy, laat my lewen, ik bün keen rechten Butt, ik bün'n verwünschten Prins. Wat helpt dy dat,

dat du my doot maakst? Ik würr dy doch nich recht smecken: sett my wedder in dat Water un laat my swemmen.« – »Nu«, säd de Mann, »du brukkst nich so veel Wöörd to maken, eenen Butt, de spreken kann, hadd ik doch wol swemmen laten.« Mit des sett't he em wedder in dat blanke Water, do güng de Butt to Grund un leet enen langen Strypen Bloot achter sik. Do stünn de Fischer up und güng na syne Fru in'n Pißputt.

»Mann«, säd de Fru, »hest du hüüt niks fungen?« – »Ne«, säd de Mann, »ik füng einen Butt, de säd, he wöör ein verwünschten Prins, do hebb ik em wedder swemmen laten.« – »Hest du dy denn niks wünschd?« säd de Fru. »Ne«, säd de Mann, »wat schull ik my wünschen?« – »Ach«, säd de Fru, »dat is doch äwel, hyr man jümmer in'n Pißputt to waanen, dat stinkt un is so eeklig: du haddst uns doch ene lüttje Hütt wünschen kunnt. Ga noch hen un roop em: segg em, wy wählt 'ne lüttje Hütt hebben, he dait dat gewiß.« – »Ach«, säd de Mann, »wat schull ik door noch hengaan?« – »I«, säd de Fru, »du haddst em doch fungen un hest em wedder swemmen laten, he dait dat gewiß. Ga glyk hen.« De Mann wull noch nicht recht, wull awerst syn Fru ook nicht to weddern syn und güng hen na der See.

As he door köhm, wöör de See ganß gröön und geel un goor nich meer so blank. So güng he staan un säd:
»Manntje, Manntje, Timpe Te,
Buttje, Buttje in der See,
myne Fru de Ilsebill
will nich so, as ik wol will.«
Do köhm de Butt answemmen un säd: »na, wat will se denn?« – »Ach«, säd de Mann, »ik hebb dy doch fungen hatt, nu säd myn Fru, ik hadd my doch wat wünschen schullt. Se mag nich meer in'n Pißputt wanen, se wull geern 'ne Hütt?« – »Ga man hen«, säd de Butt, »se hett se all.«

Von dem Fischer und seiner Frau

Es waren einmal ein Fischer und seine Frau, die wohnten zusammen in einem Pißpott, nahe an der See, und der Fischer ging alle Tage hin und angelte.

5 So saß er auch einmal bei der Angel und sah immer in das blanke Wasser hinein: und er saß und saß.

Da ging die Angel auf den Grund, tief nach unten, und als er sie heraufholte, so holte er einen großen Butt heraus. Da sagte der Butt zu ihm: "Hör mal, Fischer, ich bitte dich, laß mich

10 leben, ich bin kein richtiger Butt, ich bin ein verwunschener Prinz. Was hilft es dir, wenn du mich tötest? Ich würde dir doch nicht recht schmecken: setz mich wieder ins Wasser und laß mich schwimmen." "Nun," sagte der Mann, "du brauchst nicht so viele Worte zu machen, einen Butt, der sprechen kann, hätte ich

15 doch wieder schwimmen lassen." Damit setzte er ihn wieder in das blanke Wasser, da ging der Butt auf den Grund und ließ einen langen Streifen Blut hinter sich. Da stand der Fischer auf und ging zu seiner Frau in den Pißpott.

"Mann", sagte die Frau, "hast du heute nichts gefangen?"

20 "Nein", sagte der Mann, "ich fing einen Butt, der sagte, er wäre ein verwunschener Prinz, da habe ich ihn wieder schimmen lassen." "Hast du dir denn nichts gewünscht?" sagte die Frau. "Nein", sagte der Mann, "was sollte ich mir wünschen?" "Ach", sagte die Frau, "das ist doch übel, hier immer in dem Pißpott zu

25 wohnen, das stinkt und ist so ekelhaft: du hättest uns doch eine kleine Hütte wünschen können. Geh hin und ruf ihn: sag ihm, wir wollten eine kleine Hütte haben, er tut das gewiß." "Ach", sagte der Mann, "was soll ich da hingehen?" "Ei", sagte die Frau, "du hattest ihn doch gefangen, und hast ihn wieder schwimmen

30 lassen, er tut das gewiß. Geh gleich hin." Der Mann wollte noch nicht recht, wollte aber seiner Frau auch nicht zuwider sein und ging nach der See.

Als er dort hinkam, war die See ganz grün and gelb und gar nicht mehr so blank. So stellte er sich hin und sagte

---

3. *Pißpott* (vulgar) chamber pot   16. *ließ . . . sich* leaving a long streak.of blood behind it   28. *was . . . hingehen* why should I go back there   31. *wollte . . . sein* but he did not want to oppose his wife

"Manntje, Manntje, Timpe Te,
Buttje, Buttje in der See,
meine Frau die Ilsebill
will nicht so, wie ich es will."
Da kam der Butt angeschwommen und sagte "Na, was will sie 5
denn?" "Ach", sagte der Mann, "ich habe dich doch gefangen
gehabt, nun sagt meine Frau, ich hätte mir doch etwas wünschen
sollen. Sie mag nicht mehr in dem Pißpott wohnen, sie möchte
gern eine Hütte". "Geh man hin", sagte der Butt, "sie hat sie
schon." 10
   Da ging der Mann hin, und seine Frau saß nicht mehr in dem
Pißpott, da stand aber eine kleine Hütte, und seine Frau saß vor
der Tür auf einer Bank. Da nahm seine Frau ihn bei der Hand
und sagte zu ihm "komm nur herein, sieh, nun ist es doch viel
besser." Da gingen sie hinein, und in der Hütte war ein kleiner 15
Vorplatz und eine kleine herrliche Stube und Kammer, wo ihr
Bett stand und Küche und Speisekammer, alles mit den besten
Gerätschaften versehen und aufs schönste gepflegt, Zinngeschirr
und Messing, alles was dort hingehört. Und hinten war auch ein
kleiner Hof mit Hühnern und Enten und ein kleiner Garten mit 20
Grünzeug und Obst. "Sieh", sagte die Frau, "ist das nicht nett?"
"Ja", sagte der Mann, "so soll es bleiben, nun wollen wir
vergnügt leben". "Das wollen wir uns überlegen", sagte die Frau.
Dann aßen sie etwas und gingen zu Bett.
   So ging es wohl acht oder vierzehn Tage, da sagte die Frau: 25
"Höre, Mann, die Hütte ist auch gar zu eng, und der Hof und
der Garten sind so klein, der Butt hätte uns auch wohl ein
größeres Haus schenken können. Ich möchte wohl in einem
großen steinernen Schloß wohnen: "Ach, Frau", sagte der Mann,
"die Hütte ist ja gut genug, warum wollen wir in einem Schloß 30
wohnen?" "Ei was", sagte die Frau, "geh nur hin, der Butt kann
das leicht tun". "Nein, Frau", sagte der Mann, "der Butt hat uns
erst die Hütte gegeben, ich mag nun nicht schon wieder
kommen, es möchte den Butt verdrießen". "Geh doch", sagte die
Frau, "er kann das recht gut und tut es gern; geh nur hin." Dem 35
Mann war das Herz so schwer, und er wollte nicht; er sagte sich
"das ist nicht recht", er ging aber doch hin.

1. *Manntje . . . See* Little man, little man, Timpe Te / Little flounder, little flounder
in the sea ("Timpe Te" is untranslatable. It has no apparent meaning and is used here for
the sake of rhythm and rhyme.) 17. *alles . . . versehen* all furnished with the best
utensils 26. *die . . . eng* the cottage is really too small

117

Als er an die See kam, war das Wasser ganz violett und dunkel-
blau und grau und unklar und gar nicht mehr so grün und gelb,
doch war es noch still. Da stellte er sich hin und sagte

5
>"Manntje, Manntje, Timpe Te,
>Buttje, Buttje in der See
>meine Frau die Ilsebill
>will nicht so, wie ich es will".

"Na, was will sie denn?" sagte der Butt. "Ach", sagte der Mann
halb betrübt, "sie will in einem großen steinernen Schloß

10
wohnen." "Geh man hin, sie steht vor der Tür", sagte der Butt.
Da ging der Mann hin und dachte, er wollte nach Hause
gehen, als er aber dort ankam, so stand da ein großer steinerner
Palast, und seine Frau stand eben auf der Treppe und wollte
hineingehen: da nahm sie ihn bei der Hand und sagte "komm

15
nur herein". Dann ging er mit ihr hinein, und in dem Schloß war
eine große Diele mit einem marmornen Estrich, und da waren so
viele Bediente, die rissen die großen Türen auf, und die Wände
waren alle hell und mit schönen Tapeten, und in den Zimmern
lauter goldene Stühle und Tische, und kristallene Kronleuchter

20
hingen an der Decke, und so waren alle Stuben und Kammern
mit Teppichen versehen: und das Essen und der allerbeste Wein
standen auf den Tischen, als wenn sie brechen wollten. Und
hinter dem Hause war auch ein großer Hof mit Pferde-und
Kuhstall und den besten Kutschwagen, auch war da ein großer

25
herrlicher Garten mit den schönsten Blumen und feinen
Obstbäumen und ein Lustwald wohl eine halbe Meile lang, darin
waren Hirsche und Rehe und Hasen und alles was man sich nur
wünschen mag. "Na", sagte die Frau, "ist das nun nicht schön?"
"Ach ja", sagte der Mann, "so soll es auch bleiben, nun wollen

30
wir auch in dem schönen Schloß wohnen und wollen zufrieden
sein." "Das wollen wir uns überlegen", sagten die Frau, "und
wollen es beschlafen." Dann gingen sie zu Bett.
Am anderen Morgen wachte die Frau zuerst auf, es war gerade
Tag, und sah aus ihrem Bett das herrliche Land vor sich liegen.

35
Der Mann reckte sich noch, da stieß sie ihm mit dem Ellbogen in
die Seite und sagte "Mann, steh auf und guck mal aus dem
Fenster. Sieh, können wir nicht König werden über all dieses

---

23. *Pferde- und Kuhstall*   stables for horses and cows

Land?" "Ach, Frau", sagte der Mann, "warum wollen wir König sein? Ich mag nicht König sein." "Na", sagte die Frau, "willst du nicht König sein, so will ich König sein." "Ach, Frau", sagte der Mann, "warum willst du König sein? Das mag ich ihm nicht sagen." "Warum nicht?" sagte die Frau, "geh sofort hin, ich muß König sein." Da ging der Mann hin und war ganz betrübt, da seine Frau König werden wollte. "Das ist nicht recht und ist nicht recht", dachte der Mann. Er wollte nicht hingehen, ging aber doch hin.

Und als er an die See kam, da war die See ganz schwarzgrau, und das Wasser brodelte von unten herauf und es roch auch ganz faul. Da stellte er sich hin und sagte

"Manntje, Manntje, Timpe Te,
Buttje, Buttje in der See
meine Frau die Ilsebill
will nicht so, wie ich es will."

"Na, was will sie denn?" sagte der Butt. "Ach", sagte der Mann, "sie will König werden." "Geh man hin, sie ist es schon", sagte der Butt.

Da ging der Mann hin, und als er nach dem Palast kam, da war das Schloß viel größer geworden mit einem großen Turm und herrlichem Zierat daran: und die Schildwache stand vor der Tür, und da waren so viele Soldaten und Pauken und Trompeten. Und als er in das Haus kam, so war alles aus purem Marmorstein mit Gold and Samtdecken und großen goldenen Quasten. Da gingen die Türen des Saals auf, wo der ganze Hofstaat war, und seine Frau saß auf einem hohen Thron aus Gold und Diamanten und hatte eine große goldene Krone auf und das Zepter in der Hand aus purem Gold und Edelsteinen, und auf beiden Seiten bei ihr standen sechs Jungfrauen in einer Reihe, eine immer einen Kopf kleiner als die andere. Da stellte er sich hin und sagte, "Ach, Frau, bist du nun König?" "Ja", sagte die Frau, "nun bin ich König." Da stand er und sah sie an, und als er sie so eine Zeitlang angesehen hatte, sagte er "Ach, Frau, wie ist das schön, daß du König bist? Nun wollen wir uns auch nichts mehr wünschen." "Nein, Mann," sagte die Frau and wurde ganz unruhig, "mir wird die Zeit schon lang, ich kann es nicht mehr

5

10

15

20

25

30

35

11. *das . . . herauf* the water surged up from below   30. *eine . . . andere* each one a head shorter than the next   37. *mir . . . lang* time hangs heavy on my hands

aushalten. Geh hin zum Butt, König bin ich, nun muß ich Kaiser sein." "Ach, Frau", sagte der Mann, 'Kaiser kann er nicht machen, ich mag das dem Butt nicht sagen; Kaiser gibt es nur einmal im Reich: Kaiser kann der Butt nicht machen, das kann und kann er nicht." "Was", sagte die Frau, "ich bin König, und du bist nur mein Mann, willst du wohl gleich hingehen? Gleich geh hin, kann er König machen, kann er auch Kaiser machen, ich will und will Kaiser sein: gleich geh hin." Da mußte er hingehen.

Als der Mann aber hinging, wurde ihm ganz bange, und als er so ging, dachte er bei sich "das geht und geht nicht gut: Kaiser ist zu unverschämt, der Butt wird schließlich müde."

Damit kam er an die See, da war die See ganz schwarz und unklar und fing schon an, so von unten herauf zu brodeln, daß es Blasen warf, und es ging ein scharfer Wind darüber hin, daß es sich bewegte; und dem Mann wurde grauen. Da stellte er sich hin und sagte "Manntje, Manntje, Timpe Te,

Buttje, Buttje in der See

meine Frau die Ilsebill

will nicht so, wie ich es will."

"Na, was will sie denn?" sagte der Butt. "Ach, Butt", sagte er, "meine Frau will Kaiser werden." "Geh man hin", sagte der Butt, "sie ist es schon."

Da ging der Mann hin, und als er dort ankam, da war das ganze Schloß aus poliertem Marmorstein mit alabasternen Figuren und goldenen Zieraten. Vor der Tür marschierten die Soldaten und sie bliesen Trompeten und schlugen Pauken und Trommeln: aber in dem Hause, da gingen die Barone und Grafen und Herzöge nur so wie Bediente herum: da machten sie ihm die Türen auf, die von lauter Gold waren. Und als er herein-kam, da saß seine Frau auf einem Thron, der war aus einem Stück Gold und war wohl zwei Meilen hoch: und hatte eine große goldene Krone auf, die war drei Ellen hoch und mit Brillanten und Karfunkelstein besetzt: in der einen Hand hatte sie das Zepter und in der anderen Hand den Reichsapfel, und auf beiden Seiten bei ihr, da standen die Trabanten in zwei Reihen, einer immer kleiner als der andere, von dem allergrößten Riesen, der war zwei Meilen hoch, bis zu dem allerkleinsten Zwerg, der

---

6. *willst . . . hingehen* go there at once 13. *so . . . warf* to surge up from below in such a way that it bubbled 15. *dem . . . grauen* the man shuddered 36. *allergröß-ten* the very tallest 37. *allerkleinsten* the very smallest

war nur so groß wie mein kleiner Finger. Und vor ihr standen so
viele Fürsten und Herzöge. Da stellte sich der Mann dazwischen
und sagte "Frau, bist du nun Kaiser?" "Ja", sagte sie, "ich bin
Kaiser." Da ging er und besah sich alles genau, und als er sie so
eine Zeitlang angesehen hatte, sagte er "Ach, Frau, wie ist das
schön, daß du Kaiser bist?" "Mann", sagte sie, "was stehst du da?
Ich bin Kaiser, nun will ich aber auch Papst werden, geh hin zum
Butt." "Ach, Frau", sagte der Mann, "was willst du denn noch?
Papst kannst du nicht werden, Papst gibt es nur einmal in der
Christenheit, das kann er doch nicht machen." "Mann", sagte
sie, "ich will Papst werden, geh gleich hin, ich muß heute noch
Papst werden." "Nein, Frau", sagte der Mann, "das mag ich ihm
nicht sagen, das geht nicht gut, das ist zu grob, zum Papst kann
dich der Butt nicht machen." "Mann, was für ein Gerede", sagte
die Frau, "kann er Kaiser machen, kann er auch Papst machen.
Geh sofort hin, ich bin Kaiser, und du bist nur mein Mann, willst
du wohl hingehn?" Da wurde er bange und ging hin, ihm wurde
aber ganz schwach, und er zitterte und bebte, und die Knie und
Waden schlotterten ihm. Und da strich ein Wind über das Land,
und die Wolken flogen, als es dunkel wurde gegen Abend: die
Blätter wehten von den Bäumen, und das Wasser ging und
brauste, als kochte es, und platschte gegen das Ufer, und von
fern sah er die Schiffe, die schossen in der Not und tanzten und
sprangen auf den Wellen. Da war der Himmel noch ein wenig
blau in der Mitte, aber an den Seiten, da zog es so recht rot
herauf wie ein schweres Gewitter. Da stellte er sich recht verzagt
in seiner Angst hin und sagte

> "Manntje, Manntje, Timpe Te,
> Buttje, Buttje in der See
> meine Frau die Ilsebill
> will nicht so, wie ich es will."

"Na, was will sie denn?" sagte der Butt. "Ach", sagte der Mann,
"sie will Papst werden." "Geh man hin, sie ist es schon", sagte der
Butt.

Da ging er hin, und als er dort ankam, so war da eine große
Kirche von lauter Palästen umgeben. Da drängte er sich durch
das Volk: inwendig war aber alles mit tausenden von Lichtern

---

2. *Da . . . dazwischen* Then the man placed himself among them 8. *was . . . noch*
what more do you want 16. *willst . . . hingehen* go there 18. *die . . . ihm* his
knees and calves trembled 22. *als . . . es* as if it were boiling 23. *die . . . Not* which
were firing (signals) in distress 25. *da . . . Gewitter* red clouds were coming up as if
in a heavy thunderstorm

erleuchtet, und seine Frau war in lauter Gold gekleidet und saß auf einem noch viel höheren Thron, und hatte drei goldene Kronen auf, und um sie war so viel von geistlichem Staat, und auf beiden Seiten von ihr standen zwei Reihen Lichter, das größte
5 so dick und groß wie der allergrößte Turm bis zu dem allerkleinsten Küchenlicht; und alle Kaiser und Könige lagen vor ihr auf den Knien und küßten ihr den Pantoffel. "Frau", sagte der Mann und sah sie so recht an, "bist du nun Papst?" "Ja", sagte sie, "ich bin Papst." Da stellte er sich hin und sah sie richtig an, und es
10 war, als wenn er in die helle Sonne sähe. Als er sie so eine Zeitlang angesehen hatte, sagte er "Ach, Frau, wie ist das schön, daß du Papst bist." Sie saß aber ganz steif wie ein Baum und regte und rührte sich nicht. Da sagte er "Frau, nun sei zufrieden, daß du Papst bist, nun kannst du doch nichts mehr werden."
15 "Das will ich mir überlegen", sagte die Frau. Damit gingen sie beide zu Bett, aber sie war nicht zufrieden, und die Gierigkeit ließ sie nicht schlafen, sie dachte immer daran, was sie noch werden wollte.

Der Mann schlief recht gut und fest, er war den Tag viel
20 gelaufen, die Frau aber konnte gar nicht einschlafen und warf sich die ganze Nacht von einer Seite auf die andere und dachte immer daran, was sie wohl noch werden könne und konnte sich doch auf nichts mehr besinnen. Damit wollte die Sonne aufgehen, und als sie das Morgenrot sah, richtete sie sich im Bett auf
25 und sah dort hinein, und als sie aus dem Fenster die Sonne heraufkommen sah, dachte sie "Ha, könnte ich nicht auch die Sonne und den Mond aufgehen lassen?" "Mann", sagte sie und stieß ihm mit dem Ellbogen in die Rippen, "wach auf, geh hin zum Butt, ich will werden wie der liebe Gott." Der Mann war
30 noch fast im Schlaf, aber er erschrak sich so, daß er aus dem Bett fiel. Er meinte, er hätte sich verhört und rieb sich die Augen und sagte "Ach, Frau, was sagtest du?" "Mann", sagte sie, "wenn ich nicht die Sonne und den Mond kann aufgehen lassen und muß das so ansehen, daß die Sonne und der Mond aufgehn, ich kann
35 das nicht aushalten und habe keine ruhige Stunde mehr, daß ich sie nicht selbst kann aufgehen lassen." Da sah sie ihn so böse an, daß ihn schauderte. "Gleich geh hin, ich will werden wie der

---

3. *um . . . Staat* around her was so much priestly pomp 17. *was . . . wollte* what else she wanted to become 22. *konnte . . . besinnen* could not think of anything more 31. *Er . . . verhört* He thought he must have heard wrong

liebe Gott." "Ach, Frau", sagte der Mann, und fiel vor ihr auf die Knie, "das kann der Butt nicht. Kaiser und Papst kann er machen, schlag es dir aus dem Kopf und bleibe Papst." Da geriet sie in Wut, die Haare flogen ihr so wild um den Kopf, da riß sie sich das Leibchen auf und gab ihm eins mit dem Fuß und schrie, *5* "ich halte das nicht aus und halte das nicht länger aus, willst du wohl hingehen?" Da zog er sich die Hosen an und lief wie unsinnig weg. Draußen aber ging der Sturm und brauste, daß er kaum auf den Füßen stehen konnte: die Häuser und die Bäume wehten um, und die Berge bebten, und die Felsbrocken rollten *10* in die See, und der Himmel war ganz pechschwarz, und es donnerte und blitzte, und die See ging in Wellen so hoch und schwarz wie Kirchtürme und Berge, und die hatten oben alle eine weiße Schaumkrone auf. Da schrie er und konnte sein eigenes Wort nicht hören

"Manntje, Manntje, Timpe Te, *15*
Buttje, Buttje in der See
meine Frau die Ilsebill
will nicht so, wie ich es will."
"Na, was will sie denn?" sagte der Butt. "Ach", sagte er, "sie will *20* werden wie der liebe Gott." "Geh man hin, sie sitzt schon wieder in dem Pißpott."
Da sitzen sie noch bis auf den heutigen Tag.

---

3. *schlag . . . Kopf* put that out of your mind *Da . . . Wut* Then she flew into a rage 13. *die . . . auf* they were all crested with white foam 23. *bis . . . Tag* to this very day

Vocabulary

The vocabulary aims to be complete except for:

1. The 500 double-starred words in *A Standard German Vocabulary* by C. M. Purin.
2. Basic grammatical indicators such as articles, pronouns, possessive adjectives, numerals.
3. Diminutives ending in *-lein* or *-chen* when the basic form is given.
4. Easily understood compounds (e.g. *Haustür, Schloßhof*).
5. Easily understood derivations from words given (e.g. *menschlich, Schläfer*).
6. Some words translated in the annotations when they do not occur again.

The genitive singular, the plural of nouns, and the vowel changes of strong verbs are given in the usual manner. Separable prefixes of verbs are hyphenated.

A

ab-beißen, i, i to bite off
ab-brechen, (i), a, o to break off
das **Abendbrot, -es, -e** supper
abermals again
ab-gehen, i, a to come off
der **Abgesandte, -n, -n** messenger
der **Abgeschickte, -n, -n** deputy, messenger
ab-hauen, hieb ab, abgehauen to chop off
ab-hobeln to plane off
ab-holen to pick up, fetch
der **Absatz, -es, ⁻e** sale, market
der **Abschied, -s, -e** farewell, discharge
ab-schneiden, i, i to cut off
ab-springen, a, u to come off
ab-stechen, (i), a, o, to stab, kill
ab-waschen, (ä), u, a, to wash off
ab-weisen, ie, ie to turn away
ab-wenden, a, a to turn away
ab-wiegen, o, o to weigh out
ab-wischen to wipe off
ab-ziehen, o, o to pull off; go away
acht geben, (i), a, e to take care of, watch out
sich in acht nehmen to be on one's guard
der **Acker, -s, ⁻** field, soil
Adé goodbye
alabastern (of) alabaster
allemal every time
allerliebst most beloved
allerorten everywhere
allesamt altogether
alsbald forthwith
der **Amboß, -es, -e** anvil
an-beißen, i, i to take a bite of
an-bieten, o, o to offer
der **Anblick, -es, -e** sight
an-blicken to look at

an-brechen, (i), a, o to begin
ander other
aneinander together
das **Anerbieten, -s, -** offer
an-füllen to fill up
angefüllt filled
angegossen moulded on
an-gehen, i, a to begin
an-gehören to belong to
die **Angel, -, -n** fishing gear
angeln to fish
das **Angesicht, -s, -er** face
an-glotzen to stare at
angst afraid
die **Angst, -, ⁻e** fear
an-halten, (ä), ie, a to stop
an-hauchen to breathe upon
an-heben, o(u), o to begin
an-kommen, a, o to arrive
es kommt darauf an to depend on
an-langen to arrive
an-legen to take aim
an-lustern to look at with longing
an-machen to kindle, light
an-ordnen to arrange
an-probieren to try on
an-reden to talk to
an-richten to cause
an-rühren to touch
das **Ansehen, -s** appearance
an-sehen für, (ie), a, e to take for
an-stellen to arrange
sich an-stellen to go about
an-stoßen, (ö), i, o to touch, nudge
das **Antlitz, -es, -e** face
der **Antrag, es, ⁻e** offer
an-tun, a, a to put on, do to
die **Antwort, -, -en** answer
an-weisen, ie, ie to assign

an-werben, (i), a, o to recruit
an-ziehen, o, o to put on
an-zünden to light
die Arbeit, -, -en work
arg wicked
Arg haben to have malice
der Ärger, -s anger
ärgerlich angry
die Art, -, -en kind, manner
die Asche, -, -n ash
der Ast, -es, ⸚e branch
das Astloch, es, ⸚er knothole
der Atem, -s breath
atmen to breathe
auf-blicken to look up
auf-fordern to ask for a dance, invite
auf-fressen, (i), a, e to devour
auf-gehen, i, a to rise
auf-halten, (ä), ie, a to stop
auf-heben, o, o to undo, cancel; lift; take
care of, save
auf-hören to cease, stop
auf-knöpfen to unbutton
auf-laden, (ä), u, a to load up
auf-lauern to lie in wait for
auf-lesen, (ie), a, e to pick up
auf-machen to open
   sich auf-machen to set out
auf-nehmen, (nimmt), a, o to take in
auf-packen to load on
auf-reißen, i, i to fling open
sich auf-richten to sit up
auf-riegeln to unbolt
auf-sagen to give notice
   einem den Dienst aufsagen to dismiss
someone
auf-schlagen, (ä), u, a to open, raise
auf-schnüren to unlace
auf-schütteln to shake up
auf-spießen to gore
auf-stehen, a, a to get up, rise
auf-steigen, ie, ie to rise
auf-stellen to place
auf-suchen to go to see
auf-tragen, (ä), u, a to serve up
auf-treiben, ie, ie to find
auf-wecken to wake up
auf-zehren to eat up
der Augenblick, -s, -e moment
augenblicklich instantaneous
aus-backen to bake until done
aus-breiten to spread
der Ausbund, -es, ⸚e model

sich aus-denken, a, a to devise, plan
auseinander-zerren to scatter, disperse
die Auserwählte, -, -n the chosen one
aus-geben, (i), a, a to spend
sich ausgeben für to claim to be
aus-halten, (ä), ie, a to bear, endure
aus-klopfen to dust
aus-lachen to laugh at
aus-lernen to finish one's apprenticeship
aus-lesen, (ie), a, e to pick out
aus-löschen to put out, extinguish
aus-machen to put out, extinguish
aus-packen to unpack
aus-picken to pick out
sich aus-ruhen to rest
aus-schelten, (i), a, o to scold
aus-schicken to send out
aus-schlafen, (ä), ie, a to sleep enough
aus-schütten to pour out
aus-sehen, (ie), a, e to look, appear
außen outside
äußerlich outwardly
aus-sinnen, a, o to devise, plan
aus-sprechen, (i), a, o to express
aus-sticken to embroider
aus-stoßen, (ö), ie, o to utter
aus-suchen to select
aus-treiben, ie, ie to drive out
die Axt, -, ⸚e axe

B
der Bach, -es, ⸚e brook
die Backe, -, -n cheek, side
der Bäcker, -s, - baker
der Backofen, -s, ⸚ baking oven
das Bad, -es, ⸚er bath
die Bahre, -, -n bier
der Balken, -s, - beam
das Band, -es, -e bond; ribbon
bändigen to tame
bang(e) fearful, anxious
die Bank, -, ⸚e bench
der Bär, -s, -en bear
der Baron, -s, -e baron
der Bart, -es, ⸚e beard
bärtig bearded
das Bartmesser, -s, - razor
der Batzen, -s, - old copper coin
der Bauch, -s, ⸚e belly
beben to shake, tremble
der Becher, -s, - cup, goblet
bedächtig considerate, careful
bedecken to cover

bedenken, a, a to think about
bedenklich suspicious, doubtful
der Bediente, -n, -n servant
die Bedingung, -, -en condition
der Befehl, -s, -e order
befehlen, (ie), a, o to order
sich befinden to be, exist
befragen to consult, ask
befreien to liberate, deliver
sich begeben, (i), a, e to go, happen, set to
begegnen to meet
begehren to desire
begießen, o. o to water
begleiten to accompany
der Begleiter, -s, - companion
begraben, (ä), u, a to bury
begreifen, i, i to comprehend, grasp
behalten, (ä), ie, a to keep
behend nimble, agile
behendiglich nimble, agile
beherzt courageous
beisammen together
beißen, i, i to bite
der Beistand, -es support
bei-stehen, a, a to help
beizeiten early, in good time
bekannt familiar, known
der Bekannte, -en, -en acquaintance
sich bekümmern um to care about
bellen to bark
die Belohnung, -, -en reward
beleuchten to light (up), illumine
bemerken to notice
sich bemühen to try, struggle
bereit ready, prepared
sich bergen, (i), a, o to find refuge
berühren to touch
beschädigen to damage
sich beschauen to look at
Bescheid wissen to be acquainted
bescheinen, ie, ie to shine on
beschenken to make a present
beschlafen, (ä), ie, a to sleep on
besehen, (ie), a, e to look at
besetzen to cover, pack
sich besinnen, a, o to think, reflect
die Besinnung, - consciousness
besonder special
besorgen to take care of
bespannen to harness
beständig constant
bestreichen, i, i to cover
der Besuch, -es, -e visit

beten to pray
betören to beguile
betrachten to observe
sich betrüben to become sad
betrübt sad
betrügen, o, o to deceive
betten to make beds
der Beutel, -s, - bag
bewachen to guard
sich bewegen to move
beweinen to weep over
beweisen, ie, ie to prove
bezahlen to pay
biegen, o, o to bend
die Biene, -, -n bee
das Bier, -es, -e beer
bieten, o, o to bid, offer
die Birne, -, -n pear
(ein) bißchen a little
der Bissen, -s, - bite, morsel
bitter bitter
bitterböse terribly angry
bitterlich bitterly
blank shiny, polished
die Blase, -, -n bubble
blasen, (ä), ie, a to blow
bleich pale
der Blick, -s, -e glance, look
blicken to look
die Blindheit, - blindness
blitzen to lightning, flash
bloß only
das Blut, -es blood
die Bohne, -, -n bean
böse evil, bad; angry
der Bösewicht, -s, -e villain, rascal
boshaft malicious, evil
die Bosheit, -, -en malice
der Bote, -n, -n messenger
braten, (ä), ie, a to fry, roast
der Braten, -s, - roast
brauen to brew
brausen to roar
die Braut, -, -̈e bride
der Bräutigam, -s, -e fiancé
die Brautleute bride and groom
das Brett, -es, -er board, plank
der Brillant, -en, -en diamond
bröckeln to crumble
das Bröcklein, -s, - small crumb
brodeln to surge
der Brotschieber, -s, - bread-shovel
die Brücke, -, -n bridge

brummen to growl
brummig grumbling
der Brunnen, -s, - well, fountain
die Brust, -, ⁼e breast, chest
brutzeln to sizzle
das Bübchen, -s, - little boy
die Büchse, -, -n rifle
sich bücken to bend down, bow
das Bügeleisen, -s, - flat-iron
bunt many-colored
der Bursch(e), -en, -en fellow, lad
bürsten to brush
der Busch, -es, ⁼e bush, thicket
das Buschwerk, -s shrubbery
der Butt, -es, -e turbot, flounder

C
die Christenheit, - Christendom

D
dabei noch in addition
das Dach, -s, ⁼er roof
daheim at home
dahin-reiten, i, i to ride along
da(r)nach after that
der Dank, -es thanks
dankbar thankful
darauf after that
darben to suffer
darüber over it
darunter under it, below it
dauern to last, endure; move to pity
davon-reiten, i, i to ride off
die Decke, -, -n blanket; ceiling
der Deckel, -s, - lid
decken to cover, set, spread
die Delle, -, -n wrinkle, depression
dergleichen such things
derselbe the same
der Diamant, -en, -en diamond
diebisch thievish
die Diele, -, -n hall
der Diener, -s, - servant
der Dienst, -es, -e service
Dienste leisten to be of service
die Dirne, -, -n girl
donnern to thunder
der Dorn, -s, -e thorn
die Dornenhecke, -, -n thorn hedge
drängen to push
draußen outside
der Drechsler, -s, - turner
die Drehbank, -, ⁼e lathe

drehen to turn
dringen, a, u to press
droben up there
drüben over there, across
drücken to press, squeeze, oppress
der Dukaten, -s, - ducat
der Dummbart, -s dumbbell
durchaus absolutely
durch-bohren to pierce
durch-bringen, a, a to squander
durch-gehen, i, a to run away
sich durch-schlagen, (ä), u, a to scrape through
durchsichtig transparent
dürr dry, barren

E
das Ebenholz, -es, ⁼er ebony
die Ecke, -, -n corner
der Edelstein, -s, -e precious stone, jewel
ehe before
die Ehesteuer, -n -n dowry
ehrbar honest
ehren to honor
ehrenvoll honorable
ehrlich honest
der Eichbaum, -s, ⁼e oak tree
das Eichhörnchen, -s, - squirrel
die Eigenschaft, -, -en quality
eigentlich true, real
die Eile, - hurry
eilen to hurry
eilig hastily
der Eimer, -s, - bucket
sich ein-bilden to imagine
ein-büßen to forfeit, lose
einerlei all the same
ein-fallen, (ä), ie, a to occur to a person
einfältig silly, foolish
ein-fangen, (ä), i, a to catch
ein-heizen to heat up
das Einhorn, -s, ⁼er unicorn
ein-kaufen to buy
ein-kehren to stop (at an inn)
ein-laden, (ä), u, a to invite
sich ein-lassen auf, (ä), i, a to agree to
auf einmal all at once
einsam lonely, solitary
ein-schenken to pour
ein-schlafen, (ä), ie, a to fall asleep
sich ein-schmeicheln to get into favor
ein-seifen to lather
ein-sperren to lock up

ein-stecken to pocket
ein-tauschen to exchange
ein-treffen, (i), a, o to happen
der Eintritt, -s entry, entrance
ein-willigen to consent
einzig only, sole, single
das Eis, -es ice
die Eisenstange, -, -n iron bar
eisern iron
ekelhaft disgusting
elendiglich miserable
der Ellbogen, -s, - elbow
die Elle, -, -n yardstick; yard
in Empfang nehmen to receive
empfangen, (ä), i, a to receive
empfinden, a, u to feel
emsig diligent
das Ende, -es, -n end, finish
　　zu Ende sein to be over
endlich finally
die Ente, -, -n duck
entfliehen, o, o to escape
entgegen towards
entledigen to set free, get rid of
der Entschluß, -es, ̈e decision
sich entsetzen to be terrified
entsetzlich terrible
entspringen, a, u to get away, escape
entwischen to escape from
entzwei in two, apart
das Erbarmen, -s mercy
erbärmlich miserable
erblicken to see
die Erbse, -, -n pea
erfahren, (ä), u, a to learn, find out
erfreuen to please
erfüllen to fulfill, grant
　　in Erfüllung gehen to be fulfilled
ergehen, i, a to fare, come out
ergreifen, i, i to seize, touch
erhalten, (ä), ie, a to obtain; preserve
erhandeln to purchase
sich erheben, o, o to rise
sich erhenken to hang oneself
sich erholen to recover, refresh oneself
erkennen, a, a to recognize
sich erkundigen to inquire
erlauben to permit
erleben to experience
erleuchten to light up
erlösen to release, save
die Erlösung, -, -en release
ermahnen to admonish, caution

ernähren to nourish, support
erquicken to refresh
erregen to cause
erreichen to reach
(sich) ersäufen to drown (oneself)
erscheinen, ie, ie to appear
erschlagen, (ä), u, a to slay
erschöpfen to exhaust
erschrecken, (i), a, o to shock, frighten
erstaunen to be astonished
erstlich in the first place
ertrinken, a, u to drown
erwachen to awake
erwecken to awake
sich erweichen lassen to give in
erweisen, ie, ie to show, render
erwerben, (i), a, o to acquire, earn
erwidern to reply
erwischen to snatch, catch
erwürgen to strangle
das Erz, -es, -e ore
der Esel, -s, - donkey
der Estrich, -s, -e stone floor
etwa perhaps
die Eule, -, -n owl

F
die Fahne, -, -n flag
fällen to fell
färben to color, dye
fassen to seize, grasp
faul lazy; foul
faulenzen to be lazy
der Faulenzer, -s, - lazybones, loafer
die Feder, -n, feather
feiern to celebrate
feil for sale; cheap
der Feldobrist, -en, -en colonel
der Felsbrocken, -s, - rock, boulder
fern distant, far
die Ferne, -n, -n distance
die Ferse, -, -n heel
fertig werden to take care of
das Fest, -es, -e festival
fest-schrauben to screw tight
fett fat
das Fett, -es, -e fat, lard
feurig fiery
die Figur, -, -en figure
das Filztuch, -s, ̈er felt-cloth
finster dark
　　im Finstern in the dark
der Fischer, -s, - fisherman

flach flat
der Flachs, -es, -e flax
flackern to flicker
die Flamme, -, -n flame
die Flasche, -, -n bottle, flask
flechten, (i), o, o to braid
fleißig diligent
flicken to mend
die Fliege, -, -n fly
fliehen, o, o to flee
flink quick, lively
der Fluch, -s, -̈e curse
flüchtig agile
der Flügel, -s, - wing
die Forderung, -, -en demand
fort-fahren, (ä), u, a to continue
sich fort-machen to get away
fort-schlafen, (ä), ie, a to sleep on
fort-schleppen to drag along
fort-tragen, (ä), u, a to carry off
frank free, happy
die Freiheit, -,- en freedom
freilich to be sure
der Fremde, -n, -n stranger
fressen, (i), a, e to devour
die Freude, -, -n happiness
sich freuen to be happy
der Friede, -ns peace
frieren, o, o to freeze
frisch fresh, lively
der Frischling, -s, -e young boar
fröhlich merry
fromm religious, pious, good
der Frosch, -es, -̈e frog
die Frühe, - early morning
  in aller Frühe very early
das Frühjahr, -s, -e spring
der Fuchs, -es, -̈e fox
die Fuchshöhle, -, -n fox-hole
der Fuhrmann, -s, Fuhrleute wagoner,
driver
füllen to fill
funfzig = fünfzig
der Funke, -n, -n spark
die Furcht, - fear
(sich) fürchten to be afraid
fürchterlich horrible
der Fürst, -en, -en prince
das Futter, -s fodder, food

G
die Gabe, -, -n gift
der Galgen, -s, - gallows

der Gang, -es, -̈e passage
die Gans, -, -̈e goose
gar nicht not at all
gar nichts nothing at all
den Garaus machen to finish off
garstig nasty
die Gartenhecke, -, -n garden hedge
die Gasse, -, -n lane
der Gaumen, -s, - palate
Gebackenes baked goods
gebären, a, o to give birth
geboren born
Gebratenes fried meat
gebrauchen to use
sich gebühren to be proper
das Gebüsch, -es, -e clump of bushes
der Gedanke, -n, -n thought
der Gefallen, -s, - favor
sich gefallen lassen to agree to, put up
with
der Gefangene, -n, -n captive
das Gefängnis, -ses, -se prison
die Gegend, -, -en area, region
gegenüber opposite
der Gehenkte, -n, -n hanged man
gehorchen to obey
gehörig proper
die Geiß, -en she-goat
der Geist, -es, -er ghost
geistlich spiritual, clerical
gelangen to arrive at, reach
der Geldbeutel, -s, - purse
die Gelegenheit, -, -en opportunity
gelingen, a, u to succeed
gelt well now, eh
gemächlich calm
die Gemächlichkeit, -, -en ease, comfort
der Gemahl, -s, -e spouse, husband
die Gemahlin, -, -nen wife
gemein common
das Gemüse, -s, - vegetables
das Gepolter, -s, - rumbling, din
geradeswegs directly
geradezu straight
geraten, (ä), ie, a to get, come
gerben to tan
das Gerede, -s idle talk
das Gericht, -es, -e dish
gering little
  das Geringste the least
die Gerte, -, -n rod, twig
der Geruch, -es, -̈e smell
gescheit clever

geschickt clever, skillful
das **Geschöpf, -es, -e** creature
das **Geschrei, -s** yelling, screaming
das **Geschwätz, -es** idle chatter
geschwind quick
die **Geschwindigkeit, -, -en** speed
die **Gesellschaft, -, -en** company
der **Geselle, -n, -n** comrade, companion
sich **gesellen zu** to join
das **Gesindel, -s, -** rabble, riff-raff
Gesottenes boiled meat
das **Gespenst, -es, -er** ghost
das **Gespräch, -es, -e** talk, conversation
die **Gestalt, -, -en** appearance, shape
das **Gesträuch, -es** shrubs
sich **getrauen** to dare
getrost confident, of good cheer
gewähren to allow, grant
die **Gewalt, -, -en** might, power
gewaltig mighty
das **Gewehr, -s, -e** rifle
das **Gewicht, -es, -e** weight
das **Gewitter, -s, -** thunderstorm
gewogen sein to be well disposed toward
sich **gewöhnen an** to get used to
gewöhnlich ordinary
das **Gezweig, -s** branches
die **Gier, -** greed
die **Gierigkeit, -, -en** greediness
das **Gift, -s, -e** poison
giftig poisonous
der **Gipfel, -s, -** top, peak
glänzen to glitter
glänzend splendid, glittering
glatt smooth
gleichen, i, i to resemble
das **Glied, -es, -er** limb
die **Glocke, -, -n** bell
das **Glockenseil, -s, -e** bellrope
das **Glotzauge, -s, -n** pop-eye
glücklich lucky
glücklicherweise fortunately
die **Glückshaut, -, ⸚e** lucky skin
glühen to glow
die **Gnade, -, -n** grace, mercy
das **Gold, -es** gold
gold(en) gold(en)
der **Goldesel, -s, -** gold donkey
goldgierig greedy for gold
der **Goldregen, -s, -** rain of gold
gottlos godless
das **Grab, -es, ⸚er** grave
graben, (ä), u, a to dig

der **Graben, -s, ⸚** ditch
der **Graf, -en, -en** count
sich **grämen** to be distressed
das **Gras, -es, ⸚er** grass
der **Grashüpfer, -s, -** grasshopper
grau grey
der **Grauschimmel, -s, -** gray horse, donkey
grauselig horrid
grausig horrid, dreadful
greifen, i, i to grab, reach
greulich horrid
grimmig grim, fierce
grob coarse, rough, gross
der **Großvater, -s, ⸚** grandfather
der **Grund, -es, ⸚** bottom, ground
der **Gründling, -s, -e** minnow, gudgeon
das **Grünzeug, -s** greens
gruseln to shudder
gucken to look
gülden gold(en)
der **Gürtel, -s, -** belt
das **Gut, -es, ⸚er** goods
sich **es gutschmecken lassen** to enjoy food

H
die **Hacke, -, -n** pickaxe
hacken to hack
der **Hahn, -s, ⸚e** rooster
der **Hahnenbalken, -s, -** top-beam
das **Häkchen, -s, -** small hook
die **Hälfte, -, -n** half
das **Halsband, -es, ⸚er** necklace
Halt machen to stop
halten für to consider
der **Handel, -s** trade, bargain
der **Handschuh, -s, -e** glove
das **Handwerk, -s** trade, craft
hängen, i, a to hang
hartherzig hard-hearted
der **Hase, -n, -n** hare
das **Haselreis, -es, -e** hazel-twig
die **Haspel, -, -n** reel
hassen to hate
häßlich ugly
die **Hast, -** haste
hastig hasty
die **Haube, -, -n** hood, cap
hauen to chop
der **Haufen, -s, -** pile
das **Haupt, -es, ⸚er** head
der **Hauptmann, -s, Hauptleute** captain
hausen to live, dwell

die **Haut**, -, ⸚e skin
heben, o, o to lift
die **Hecke**, -, -n hedge
heda hi there, hello
das **Heer**, -es, -e army, host
   das **wilde Heer** host of demons
heftig vehement, violent
die **Heide**, -, -n heath, heather
die **Heimat**, - native place
heim-kommen, a, o to come home
heimlich secret
das **Heimweh**, -s homesickness
heiraten to marry
heiß hot
die **Heldentat**, -, -en heroic deed, feat
der **Heller**, -s, - small copper coin, penny
herab-biegen, o, o to bend down
herab-blicken to look down
herab-gehen, i, a to go down
heran-fahren, (ä), u, a to drive up
heran-krabbeln to crawl near
heran-rücken to move near
heran-wachsen, (ä), u, a to grow up
herauf-holen to bring up
heraus-quillen, (i), o, o to flow out
heraus-strecken to stick out
heraus-träufeln to drip out
heraus-tropfeln to drip out
herbei-holen to fetch, bring out
herbei-locken to entice, allure
herbei-rufen, ie, u to call for
herbei-schaffen to procure
die **Herberge**, -, -n shelter, lodging
der **Herd**, -es, -e hearth, stove
herein-tragen, (ä), u, a to carry in
herein-treten, (tritt), a, e to walk in
hernach hereafter
herrlich splendid
die **Herrlichkeit**, -, -en grandeur
her-schreiten, i, i to walk
her-schütten über to pour over
herum around, finished
herum-jagen to chase about
herum-kehren to turn around
herum-tappen to grope about
herum-ziehen, o, o to move around
hervor-holen to pull out
hervor-treten, (tritt), a, e to step forward
hervor-ziehen, o, o to pull out
herzen to hug
der **Herzog**, -s, ⸚e duke
herzu-treten, (tritt), a, e to step up close
heulen to howl

heutig today's, present
die **Hexe**, -, -n witch
die **Hexenkunst**, -, ⸚e witchcraft
der **Hieb**, -es, -e blow
hierauf after this
die **Hilfe**, -, -n help
himmlisch heavenly
hin und her back and forth
hinab-plumpen to plump down
hinab-sinken, a, u to sink down
hinaus out, out there
hinderlich hindering
hinein-sammeln to gather into
hinein-stürzen to crash into
hinein-treten, (tritt), a, e to walk in
hinein-wickeln to wrap into
hin-fallen, (ä), i, a to fall down
hin-reichen to hand to
hin-stellen to place
hinten in the rear
hinter-bringen, a, a to inform (secretly)
der **Hinterfuß**, -es, ⸚e hind foot
das **Hintergebäude**, -s, - rear of a building
hinterher behind
die **Hintertür**, -, -en back door
hinunter-steigen, ie, ie to climb down
der **Hirsch**, -es, -e deer, stag
der **Hirschfänger**, -s, - cutlass
die **Hitze**, - heat
hobelen = hobeln to plane
hochachten to esteem
höchstens at best
die **Hochzeit**, -, -en wedding; festival
hoffen to hope
der **Hofmann**, -s, **Hofleute** courtier
der **Hofstaat**, -s, -en court
der **Hochmut**, -s arrogance
die **Höhe**, -, -n height
   in die Höhe up
die **Höhle**, -, -n den, hole
der **Hohn**, -s scorn
höhnisch scornful, sneering
die **Hölle**, -, -n hell; corner
hölzern wooden
der **Holzhacker**, -s, - wood-cutter
die **Holzkeule**, -, -n wooden club
der **Hopfen**, -s hop
das **Horn**, -es, ⸚er horn
hübsch pretty; very
das **Huhn**, -s, ⸚er hen
hungern to starve
hungrig hungry
hüpfen to hop

der **Husarenpelz**, -es, -e hussar's cloak
sich hüten to beware
die **Hütte**, -, -n hut, cottage

I

imstande sein to be capable of
indem meanwhile
indes meanwhile
indessen meanwhile
insgesamt altogether
inwendig inside
irre machen to bewilder, provoke

J

die **Jagd**, -, -en chase, hunt
der **Jagdhund**, -es, -e hunting dog
jagen to chase
der **Jäger**, -s, - hunter
der **Jammer**, -s distress, misery
jämmerlich miserable
jammern to whine, lament
jappen to pant
je ever
jedermann everybody
jederzeit always
jemals ever, at any time
der **Junge**, -n, -n boy
die **Jungfer**, -, -n maiden, virgin
die **Jungfrau**, -, -en maiden, virgin
der **Jüngling**, -s, -e young man

K

der **Käfig**, -s, -e cage
kahl bald
der **Kamerad**, -en, -en comrade, buddy
kämmen to comb
die **Kammer**, -, -n chamber
die **Kapelle**, -, -n chapel
die **Kappe**, -, -n cap, hat
der **Karfunkelstein**, -s, -e carbuncle, red
precious stone
der **Karren**, -s, - cart
die **Karte**, -, -n card
kaum hardly
Kegel spielen to bowl
kegeln to bowl
der **Kerl**, -s, -e fellow, guy
der **Kessel**, -s, - kettle
die **Kette**, -, -n chain
der **Kieselstein**, -s, -e pebble
kikeriki cock-a-doodle-doo
der **Kindtaufschmaus**, -es, -e christening
banquet

der **Kirchhof**, -es, -ː churchyard, cemetery
der **Kirschbaum**, -es, -ːe cherry tree
das **Kissen**, -s, - pillow
der **Kittel**, -s, - smock
kitzeln to tickle
klagen to complain, lament
kleben to stick to
das **Kleid**, -es, -er dress; pl. clothes
kleiden to dress
kleinlaut meek
klemmen to clamp, squeeze
klettern to climb
klingen, a, u to ring, sound
die **Klinke**, -, -n door-handle
klirren to rattle
klopfen to knock
klug intelligent
der **Klumpen**, -s, - lump
kneten to knead
das **Knie**, -s, -e knee
der **Knochen**, -s, bone
knuper = **knuspern** to nibble
der **Knüppel**, -s, - club, stick
der **Kobold**, -s, -e imp, hobgoblin
der **Koch**, -s, -ːe cook
kochen to cook, boil
die **Köchin**, -, -nen female cook
die **Kohle**, -, -n coal
das **Kohlenfeuer**, -s, - coal-fire
kommen, a, o to come
zu sich kommen to come to
königlich royal
das **Kopfkissen**, -s, - pillow
der **Korb**, -es, -ːe basket
das **Korn**, -s, -ːer kernel
kostbar precious
krachen to crash, crack
die **Kraft**, -, -ːe strength
kräftig strong, forceful
der **Kragen**, -s, - collar
krähen to crow
die **Kralle**, -, -n claw
der **Krämer**, -s, - shopkeeper, grocer
kratzen to scratch
das **Kraut**, -es, -ːer herb
die **Krebsschale**, -, -n shell of crawfish
die **Kreide**, -, -n chalk
die **Kresse**, -, -n cress
kriechen, o, o to crawl, creep
der **Krieg**, -es, -e war
kriegen to get, obtain
der **Kriegsdienst**, -es, -e war service
das **Kriegshandwerk**, -s trade of war

der **Kriegsheld, -en, -en** war-hero
der **Kriegsmann, -es, ⸗er, -(leute)** soldier
kristallen (of) crystal
die **Krone, -, -n** crown; top
der **Kronleuchter, -s, -** chandelier
das **Kröpfchen, -s, -** little crop
die **Krücke, -, -n** crutch
(**sich**) **krümmen** to bend
die **Küche, -, -n** kitchen
der **Kuchen, -s, -** cake
die **Küchenmagd, -, ⸗e** kitchen maid
die **Kugel, -, -n** ball, sphere
die **Kuh, -, ⸗e** cow
der **Kummer, -s** grief
die **Kunst, -, ⸗e** art, skill
künstlich ingenious
kunstreich skilled
der **Kuß, -es, ⸗e** kiss
küssen to kiss
der **Küster, -s, -** sexton
der **Kutschwagen, -s, -** carriage

L
laben to refresh
lächerlich ridiculous
der **Laib, -es, -e** loaf
das **Laken, -s, -** sheet
das **Lämmerschwänzchen, -s** lamb's tail
der **Landesflüchtige, -n, -n** fugitive
die **Landstraße, -, -n** highway
langen to reach
die **Langweile, -** tediousness, boredom
längst long ago
der **Lappen, -s, -** rag
der **Lärm, -s** noise
das **Lärmen, -s** noise
die **Last, -, -en** load, burden
das **Laub, -es** foliage
der **Laut, -es, -e** sound
die **Laute, -, -n** lute
läuten to ring, tell
lauter nothing but, only
lebendig alive
die **Lebensgefahr, -, -en** danger of life
die **Leber, -, -n** liver
leblos inanimate
der **Lebtag, -es, -e** day of one's life
für sein Lebtag for all one's life
die **Ledermütze, -, -n** leather cap
sich legen to die down
die **Lehre, -, -n** apprenticeship
der **Leib, -es, -er** body
das **Leibchen, -s, -** bodice ,vest

sein Leid klagen to pour out one's troubles
leid tun to cause sorrow
leiden, i, i to suffer, tolerate
leidlich tolerable
leisten to render
die **Leiter, -, -n** ladder
lesen, (ie), a, e to read; pick, gather
leuchten to shine
lieb haben to love, care for
lieber rather
liebkosen to caress
lieblich lovely, charming
die **Linde, -, -n** linden tree
die **Linse, -, -n** lentil
die **List, -, -en** cunning, trick
listig cunning, crafty
loben to praise
das **Loch, -es, ⸗er** hole
locken to lure, attract
der **Löffel, -s, -** spoon
der **Lohn, -s, ⸗e** wages, pay, reward
lohnen to reward
los-hauen auf to hack at
los-knüpfen to untie
los-lassen, (ä), ie, a to let go
los-machen to untie
los-schlagen, (ä), u, a to strike, attack
los-werden, (i), u, o to get rid of
das **Lot, -es, -e** small weight (appr. 17 g)
die **Lügenbrut, -** brood of liars
der **Lügner, -s, -** liar
der **Lump, -en, -en** scoundrel
der **Lumpen, -s, -** rag
die **Lunge, -, -n** lung
die **Lust, -, ⸗e** desire
lüsten nach to crave for
lustig merry
der **Lustwald, -es, ⸗er** park

M
mächtig huge, powerful
das **Mädel, -s, -** = das **Mädchen** girl
die **Magd, -, ⸗e** maid
der **Magen, -s, ⸗** stomach
mager thin, lean
die **Mahlzeit, -, -en** meal
die **Mähre, -, -n** mare
der **Malz, -es** malt
manchmal sometimes
marmorn (of) marble
die **Marmortreppe, -, -n** marble staircase
marschieren to march
das **Maß, -es, -e** measure

das **Maul**, -s, ⁻er mouth (of animals)
meckern to bleat
das **Mehl**, -s, -e flour
mehrmals several times
die **Meile**, -, -n mile
die **Meinigen** my people
der **Meister**, -s, - master (craftsman)
das **Meisterstück**, -es, -e masterpiece
melden to notify
melken to milk
die **Menge**, -, -n quantity
merken to notice, realize
merkwürdig strange, remarkable
die **Messe**, -, -n fair, market
das **Messing**, -s brass
der **Metzger**, -s, - butcher
miauen to mew
die **Milch**, - milk
mildern to soften
der **Mist**, -es manure
mit-an-hören to listen to
mit-bringen, a, a to bring along
miteinander together
mit-führen to carry along
das **Mitleid(en)**, -s sympathy
mitleidig sympathetic, charitable
das **Mittagsbrot**, -es, -e lunch
das **Mittel**, -s, - means, way
mitten entzwei right in two
mitten im in the middle of
die **Mitternacht**, -, ⁻e midnight
mit-ziehen, o, o to go along
möglich possible
das **Morden**, -s murdering
das **Morgenrot**, -s dawn
die **Müdigkeit**, - weariness
die **Mühe**, -, -n trouble, effort
die **Mühle**, -, -n mill
der **Müller**, -s, - miller
munter lively, awake
die **Münze**, -, -n coin
murmeln to mutter
das **Mus**, -es, -e jelly, jam
die **Musik**, - music, band
musizieren to make music
der **Mut**, -es courage
die **Mütze**, -, -n cap

N

nach und nach gradually
die **Nachbarschaft**, -, -en neighborhood
nacheinander one after another
nach-geben, (i), a, e to give in

nach-machen to imitate
nach-sinnen, a, o to reflect
nächst next, coming
nach-stellen to go after
die **Nacht**, -, ⁻e night
nach-tun, a, a to imitate
die **Nadel**, -, -n needle
der **Nagel**, -s, ⁻ nail
nah(e) near
die **Nähe**, - vicinity
nähen to sew
sich nähern to approach
der **Narr**, -en, -en fool
die **Natur**, -, -en nature, disposition
das **Nebenzimmer**, -s, - adjoining room
der **Neid**, -es envy
neidisch envious
sich neigen to bow
nett nice
neu geschlagen newly coined
neugierig curious, inquisitive
nicken to nod
nieder down
nieder-fallen, (ä), ie, a to fall down
nieder-knien to kneel down
sich nieder-lassen, (ä), ie, a to sit down
nimmermehr never
nirgend nowhere
die **Not**, -, ⁻e need, distress
nötig needed
nötig haben to need
nudeln to fatten
die **Nuß** , -, ⁻ nut
die **Nußhecke**, -, -n hedge of nut shrubs
nützlich useful

O

obendrein over and above
die **Oberhand**, - upperhand
das **Obst**, -es fruit
offen open
offenbaren to reveal
die **Öffnung**, -, -en opening
oho hoho
die **Ohrfeige**, -, -n slap in the face
das **Öllämpchen**, -s, - little oil-lamp
ordentlich orderly, proper
die **Ordnung**, -, -en order, arrangement
der **Ort**, -es, -e place

P

packen to seize
der **Palast**, -es, ⁻e palace

der **Pantoffel, -s, -n** slipper
der **Papst, -es, ⁻** pope
passen to fit
die **Pauke, -, -n** bass drum
das **Pech, -s** pitch, tar
die **Peitsche, -, -n** whip
der **Pelz, -es, -e** pelt, fur
die **Pelzkappe, -, -n** fur cap
die **Perle, -, -n** pearl
der **Pfad, -es,- e** path
der **Pfannekuchen, -s, -** pancake
pfeifen, i, i to whistle
der **Pferdefuß, -es, ⁻e** club-foot
pflanzen to plant
pflegen to take care of
pflichtvergessen undutiful
die **Pfote, -, -n** paw
der **Pißpott, -s, ⁻e** chamber pot
plagen to torment
platschen to splash
der **Platzregen, -s, -** downpour
plitsch platsch splish splash
plötzlich suddenly
polieren to polish
die **Pracht, -** splendor
prächtig splendid
prägen to coin
der **Preis, -es, -e** price
der **Prinz, -en, -en** prince
die **Prinzessin, -, -nen** princess
die **Probe, -, -n** test
prophezeien to prophesy, predict
prüfen to test
pur pure
der **Putz, -es** elegant attire
putzen to dress up

Q
quaken to croak
sich quälen to struggle, labor
die **Quaste, -, -n** tassel
quellen, (i), o, o to flow out

R
der **Rabe, -n, -n** raven
der **Rachen, -s, -** mouth, jaws
sich rächen to take revenge
das **Rad, -es, ⁻er** wheel
der **Rahmen, -s, -** frame
der **Rand, -es, ⁻er** brim, edge
der **Ranzen, -s, -** knapsack
rasieren to shave
der **Rat, -es, Ratschläge** advice

ratschlagen to deliberate
das **Rauben, -s** robbing
der **Räuber, -s, -** robber
rauh rough
raus = heraus
sich recken to stretch oneself
reden to talk
sich regen to stir, move
das **Regenwetter, -s** rainy weather
regnen to rain
das **Reh, -s, -e** deer, doe
reiben, ie, ie to rub
das **Reich, -es, -e** kingdom, empire
reichen to hand, pass
reichlich ample, plentiful
der **Reichsapfel, -s, ⁻** orb
der **Reichtum, -s, ⁻er** riches, wealth
reif ripe
die **Reihe, -, -n** row, line, turn
  an der Reihe sein to have one's turn
  an die Reihe kommen to have one's turn
reinigen to clean
reinlich clean
das **Reis, -es, -e** twig
das **Reisig, -s** brushwood
reißen, i, i to tear
der **Reiter, -s, -** rider, horseman
rennen, a, a to run
retten to save, rescue
die **Rettung, -** deliverance, rescue, help
reuen to regret
sich richten to set oneself right
der **Richter, -s, -** judge
riechen, o, o to smell
der **Riegel, -s, -** bolt
der **Riese, -n, -n** giant
der **Ring, -es, -e** ring
rings (her)um around
die **Rippe, -, -n** rib
rollen to roll
rotglühend red hot
rücken to move, push
der **Rücken, -s, -** back
der **Rückweg, -es, -e** way back
rudern to row, paddle
der **Ruf, -es** reputation
die **Ruhe, -** rest, peace
ruhen to rest
ruhig calm, quiet
sich rühren to stir
die **Rumpelkammer, -, -n** lumber-room
rupfen to pluck
rutschen to slide

(sich) rütteln to shake

S

der **Saal**, -s, ⸚e hall
die **Sache**, -, -n thing
sachte gently, cautiously
der **Sack**, -es, ⸚e sack, bag
säen to sow
der **Saft**, -es, ⸚e juice
saftig juicy
die **Sage**, -, -n legend
sammeln to collect
der **Sammet**, -s = der **Samt**, -es velvet
der **Sammetrock**, -s, ⸚e velvet coat
die **Samtdecke**, -, -n velvet cover
sämtlich all (together)
der **Sarg**, -s, ⸚e coffin
satt full, satisfied
die **Sau**, -, ⸚e sow, hog
sauber clean
sausen to whistle
schade too bad
schaden to harm
der **Schaden**, -s, ⸚ damage, injury
schadhaft damaged
das **Schaf**, -es, -e sheep
schaffen to accomplish, create, provide;
move
die **Schafrippe**, -, -n yarrow
das **Schalloch**, -es, ⸚er sound hole
sich **schämen** to be ashamed
scharenweise in droves
der **Schatz**, -es, ⸚e treasure
schauern to shudder
schauen to look
schäumen to foam
die **Schaumkrone**, -, -n white crest
schaurig horrible, hair-raising
scheckig spotted
die **Scheibe**, -, -n pane
der **Schelm**, -s, -e rogue, rascal
schelten, (i), a, o to scold
der **Schemel**, -s, - stool
schenken to give, make a present of
die **Scherbe**, -, -n fragment; pl. broken
pieces
die **Schere**, -, -n scissors
scheren to shear, shave
der **Scherenschleifer**, -s, - scissors grinder
scheu shy, nervous
das **Schicksal**, -s, -e fate
schieben, o, o to push
schießen, o, o to shoot

die **Schildwache**, -, -n sentry
der **Schimmel**, -s, - white horse
schimmern to shimmer, shine
schlachten to slaughter
der **Schläfer**, -s, - sleeper
die **Schlafkammer**, -, -n bedroom
die **Schlafstätte**, -, -n place to sleep
der **Schlag**, -es, ⸚e blow
schleichen, i, i to creep, sneak
schleifen, i, i to grind
schleppen to drag, haul
schleudern to fling
schließlich finally, after all
schlimm evil, bad
das **Schloß**, -es, ⸚er castle; lock
schlottern to wobble
schlucken to swallow
der **Schlüssel**, -s, - key
schmecken to taste
der **Schmerz**, -es, -en pain, grief
das **Schmiedefeuer**, -s, - forge
der **Schmutz**, -es filth, dirt
schmutzig dirty
die **Schnalle**, -, -n buckle
schnalzen to click, smack
schnarchen to snore
die **Schnauze**, -, -n snout
die **Schnecke**, -, -n snail
die **Schneeflocke**, -, -n snowflake
der **Schneider**, -s, - tailor
schneidern to tailor
schneien to snow
der **Schnitt**, -es, -e cut
die **Schnitzbank**, -, ⸚e chopping-bench
schnüren to lace, bind
schnuppern to sniff
schnurren to hum, whirl
der **Schnürriemen**, -s, - stay-lace
schnurstracks straight
die **Schönheit**, -, -en beauty
der **Schornstein**, -s, -e chimney
der **Schoß**, -es, ⸚e lap
der **Schrank**, -s, ⸚ cupboard, closet
der **Schrecken**, -s, - terror, fright
der **Schreiner**, -s, - cabinet-maker
schreiten, i, i to step, walk
der **Schubkarren**, -s, - wheelbarrow
schuld at fault
schuldig sein to owe
die **Schule**, -, -n school
die **Schulter**, -, -n shoulder
der **Schulze**, -n, -n mayor
schüren to stir, poke

die **Schürze**, -, -n apron
die **Schüssel**, -, -n dish
schütteln to shake
schütten to pour
das **Schüttern**, -s shaking
schwärmen to swarm
schwarzhaarig black-haired
schwätzen to chatter
das **Schwefelhölzchen**, -s, - match
das **Schwein**, -s, -e pig
die **Schwelle**, -, -n threshold
schwerlich hardly
das **Schwert**, -es, -er sword
schwinden, a, u to dwindle
schwingen, a, u to spread (wings)
sich schwingen auf, a, u to get on, vault
schwirren to whiz
die **Seele**, -, -n soul
seelenfroh very happy
segnen to bless
die **Seide**, -, -n silk
seiden silken
das **Seil**, -es, -e rope
seitdem since the time
der **Seitenweg**, -es, -e byway, side-street
selbst self
  von selbst by itself
die **Seligkeit**, -, -en salvation
seltsam strange
das **Sengen**, -s scorching
seufzen to sigh
sicher safe, sure
das **Silber**, -s silver
silbern silver
der **Sinn**, -es, -e mind
sinnen, a, o to think
sittsam proper
sofort at once
sollen to be supposed to
sondern but
der **Sonnenaufgang**, -s, ⁼e sunrise
der **Sonnenstrahl**, -s, -en sunbeam
das **Sonntagskind**, -en, -er Sunday-child
sonst otherwise, formerly
die **Sorge**, -, -n worry, care
sorgen to worry
spalten to split
sparen to save
der **Spaß**, -es, ⁼e joke, fun
speien, ie, ie to spit
die **Speise**, -, -n food, dish
die **Speisekammer**, -, -n pantry
speisen to feed

sperrweit wide open
der **Spiegel**, -s, - mirror
das **Spiel**, -s, -e game
der **Spielkamerad**, -en, -en companion, playmate
das **Spielwerk**, -s, -e toy
spießen to pierce, ram
die **Spindel**, -, -n spindle
spinnen, a, o to spin.
spitz pointed, sharp
der **Spitzbube**, -n, -n scoundrel
die **Spitze**, -, -n top, point
der **Spott**, -es mockery
die **Sprache**, -, -n language
der **Spruch**, -es, ⁼e saying; prop
der **Sprung**, -es, ⁼e jump
die **Spule**, -, -n spool, bobbin
spüren to feel
der **Staat**, -es, -en state; pomp
der **Stadtmusikant**, -en, -en city musician
der **Stall**, -es, ⁼e stable
der **Stamm**, -es, ⁼e trunk
die **Stärke**, - strength
stärken to strengthen
statt instead of
stattlich handsome
der **Staub**, -es dust
staubig dusty
stechen, (i), a, o to prick, pierce, sting
stecken to stick, insert, put
der **Steg**, -es, -e footbridge
stehen bleiben, ie, ie to stop
stehlen, (ie), a, o to steal
steif stiff
steinalt very old
steinern (of) stone
der **Steintrog**, -es, ⁼e stone trough
die **Stelle**, -, -n place
sich stellen to pretend
der **Stern**, -s, -e star
der **Stich**, -es, -e sting, stitch, prick
sticken to embroider
das **Stiefkind**, -es, -er stepchild
die **Stiefmutter**, -, ⁼ stepmother
die **Stiefschwester**, -, -n stepsister
die **Stieftochter**, -, ⁼ stepdaughter
stiften to cause
stinken, a, u to stink
stolpern to stumble
stolz proud
stopfen to stuff
stoßen, (ö), ie, o to bruise, push, knock
strafen to punish

der **Strauch**, -es, ⁻er shrub
der **Strauß**, -es, ⁻e bouquet
die **Straußfeder**, -, -n ostrich feather
strecken to stretch, extend
der **Streich**, -es, -e prank; stroke
streicheln to stroke, pet
streichen, i, i to stroke, blow
streifen to graze, touch
der **Streifen**, -s, - streak, stripe
streuen to strew, spread
der **Strick**, -es, -e rope
stricken to knit
das **Stroh**, -es straw
der **Strumpf**, -es, ⁻e stocking
die **Stube**, -, -n room
die **Stufe**, -, -n step
stumpf blunt, dull
der **Sturm**, -es, ⁻e storm
stutzen to be startled
sich **stützen auf** to support one's self
der **Sünder**, -s, - sinner
die **Suppe**, -, -n soup
die **Süßigkeit**, -, -en sweetness

T
die **Tafel**, -, -n table
der **Tagesanbruch**, -s daybreak
täglich every day
der **Taler**, -s, - tree-mark piece
der **Tanz**, -es, ⁻e dance
tanzen to dance
die **Tänzerin**, -, -nen female dancer
die **Tapete**, -, -n wallpaper
tapfer brave
die **Tapferkeit**, -, -en bravery
die **Tatze**, -, -n paw
die **Taube**, -, -n pigeon
taugen to be good for
der **Taugenichts**, -es, -e good-for-nothing
taumeln to reel, stagger
tauschen to exchange, swap
der **Teich**, -es, -e pond
der **Teig**, -s, -e dough
teilen to share
teil-nehmen, (nimmt), a, o to take part
der **Teppich**, -s, -e carpet
die **Teuerung**, -, -en dearth, famine
der **Teufel**, -s, - devil
der **Thron**, -es,- e throne
die **Tiefe**, -, -n depth
toben to rage
der **Tod**, -es, -e death
toll mad

der **Topf**, -es, ⁻e pot
das **Tor**, -s, -e gate
tot dead
töten to kill
das **Totenbein**, -s, -e bone
der **Totenkopf**, -es, ⁻e skull
die **Totenlade**, -, -n bier, coffin
tot-schlagen, (ä), u, a to kill
der **Trab**, -es trot
der **Trabant**, -en, -en satellite
die **Tracht**, -, -en costume
die **Träne**, -, -n tear
tränken to still a person's thirst
trauen to trust
der **Traum**, -s, ⁻e dream
träumen to dream
traurig sad
die **Traurigkeit**, -, -en sadness
treiben, ie, ie to drive, move
trennen to separate
die **Treppe**, -, -n staircase, stairs
treten, (tritt), a, e to step
treu true, faithful
trocknen to dry
der **Trog**, -es, ⁻e trough
die **Trommel**, -, -n drum
die **Trompete**, -, -n trumpet
der **Tropfen**, -s, - drop
der **Trost**, -es comfort
trösten to console
trübe dim
der **Trunk**, -es drink
das **Tuch**, -es, ⁻er cloth
der **Tuchlappen**, -s, - piece of cloth
tüchtig sound, solid
die **Tugend**, -, -en virtue
der **Turm**, -s, ⁻e tower
das **Turteltäubchen**, -s, - little turtledove

U
übel bad
übergeben, (i), a, e to hand over
überlaut too loud
überlegen to consider
übermorgen day after tomorrow
übermütig arrogant
übernachten to stay overnight
übertreffen, (i), a, o to surpass
überwinden, a, u to overpower
sich **überzeugen** to convince oneself
übrig left over, other, remaining
umarmen to embrace
sich **um-blicken** to look around

um-bringen, a, a to kill
um-drehen to turn
umgeben, (i), a, e to surround
um-hängen, i, a to put on
um-hauen, hieb um, umgehauen to cut down
umher around
umher-fliegen, o, o to fly around
sich um-kehren to turn around
sich um-sehen, (ie), a, e to look around
umsonst for nothing
der Umstand, -es, ¨e circumstance
um-wehen to blow down
um-wenden to turn around
um-werfen, (i), a, o to overthrow, knock down
umziehen, o, o to surround
unbarmherzig unmerciful
unbehilflich clumsy
unbekannt unknown, strange
unbeschädigt unharmed
unbeweglich motionless
undankbar ungrateful
ungebeten uninvited
die Ungeduld, - impatience
ungeduldig impatient
das Ungeheuer, -s, - monster
ungeschickt clumsy
das Ungetüm, -s, -e monster
ungewöhnlich unusual
das Unglück, -s misfortune, disaster
der Unhold, -es, -e monster, fiend
unkenntlich unrecognizable
das Unkraut, -s, ¨er weed
unmöglich impossible
unschuldig innocent
unsereiner (such as) we
unsinnig insane
untauglich unfit, useless
unter-bringen, a, a to place, accommodate
untereinander among themselves
der Unterhalt, -es support, maintenance
unterlassen, (ä), ie, a to abstain from
untersuchen to investigate
unter-tauchen to submerge
die Untertür, -, -en lower half of a door
unverdrossen untiring
unverschämt impudent, shameless
die Ursache, -, -n cause

v
das Vaterunser, -s, - Lord's prayer
verachten to despise

verächtlich scornful
verbeißen, i, i to suppress
verbieten, o, o to forbid
verborgen hidden
sich verbreiten to spread
verbrennen, a, a to burn up
verbuttet stunted, stupid
der Verdacht, -es suspicion
verdienen to earn
sich verdingen to hire oneself out
verdrießen, o, o to annoy
verdrießlich annoyed
verfallen, (ä), ie, a to fall into
verfließen, o, o to flow past
vergeblich useless, futile
vergehen, i, a to pass, to lose
vergiften to poison
vergnügt happy
verheißen, ie, ie to promise
verhungern to die of hunger
verkaufen to sell
sich verkleiden to disguise oneself
sich verkriechen, o, o to hide
verlangen to demand, desire
das Verlangen, -s, - longing
sich verlassen auf, (ä), ie, a to rely on
verloben to engage
vermögen, vermochte, vermocht, vermag to be able to
das Vermögen, -s, - capital, assets
vernehmen, (vernimmt), a, o to hear
verrostet rusty
verschaffen to get, procure
verscheiden, ie, ie to die
verschließen, o, o to shut, lock away
verschlingen, a, u to swallow up
verschlucken to swallow up
verschmachten to languish, perish
verschwinden, a, u to disappear
versehen mit, (ie), a, e to furnish with
sich versehen, (ie), a, e to be aware of
versenken to sink, drop
versetzen to give, deal
versinken, a, u to sink, go down
verspinnen, a, o to spin
verspotten to mock, taunt
verständig intelligent, sensible
sich verstecken to hide
sich verstellen to disguise oneself
verstorben deceased, late
verstört bewildered
verstoßen, (ö), ie, o to expel, drive out
der Versuch, -es, -e attempt

versuchen to try
vertauschen to exchange
das **Vertrauen, -s** trust
verwandeln to change
der **Verwandte, -en, -en** relative
die **Verwandtschaft, -, -en** relations
verwegen bold
verwesen to decompose
verwunden to wound
sich **verwundern** to marvel
die **Verwunderung, -** astonishment
verwunschen enchanted
verwünschen to bewitch, curse
verzagt disheartened
verzehren to consume
die **Verzeihung, -, -en** pardon
der **Vetter, -s, -n** cousin
das **Vierteljahr, -es, -e** quarter of a year
das **Viertelpfund, -es, -e** quarter of a pound
die **Viertelstunde, -, -n** quarter of an hour
violett purple
das **Volk, -es, ⁻er** people
vollbringen, a, a to accomplish
vollkommen complete
vor **Zeiten** a long time ago
voraus ahead
voraus-sehen, (ie), a, e to foresee
vorbei past, by
vorbei-traben to trot by
der **Vorderfuß, -es, ⁻e** forefoot
vorderst foremost
vor-fallen, (ä), ie, a to occur, happen
vor-gehen, i, a to occur
vor-haben to have in mind, intend
der **Vorhang, -es, ⁻e** curtain
vorher before, previously
vorig previous
vor-kommen, a, o to appear
vor-legen to serve
vorn in front
vornehm distinguished
der **Vorplatz, -es, ⁻e** hallway
der **Vorrat, -es, ⁻e** provision
zum **Vorschein kommen, a, o** to come to light
vorsichtig cautious
vor-spannen to harness
der **Vorteil, -s, -e** advantage
vorteilhaft advantageous
der **Vorwitzige, -n, -n** inquisitive person
der **Vorwurf, -es, ⁻e** reproach

W
wach awake
wachen to be awake
wackeln to shake, wag
der **Wackerstein, -s, -e** big stone
die **Wade, -, -n** calf (of the leg)
der **Waffenträger, -s, -** armor-bearer
wagen to dare, risk
wählen to choose
die **Wahrheit, -, -en** truth
das **Wahrzeichen, -s, -** token, proof
die **Waldecke, -, -n** corner of a forest
wälzen to roll
das **Wams, -es, ⁻er** jacket
wandern to wander, travel
die **Wanderschaft, -** travels
die **Wanduhr, -, -en** wall-clock
die **Ware, -, -n** goods
wärmen to warm
warnen to warn
waschen, (ä), u, a to wash
die **Waschschüssel, -, -n** wash-basin
wecken to awaken
wedeln to wag
sich **auf den Weg machen** to start off
weg-geben, (i), a, e to give away
weg-picken to pick up
das **Weh, -s** pain, woe
weh(e) woe
wehen to blow
sich **wehren** to defend oneself
das **Weib, -es, -er** woman, wife
weich soft
die **Weide, -, -n** pasture
sich **weigern** to refuse
das **Weilchen, -s, -** little while
weinen to cry, weep
weise wise, prudent
weißgedeckt covered with a white table-cloth
weiter further
weiter-ziehen, o, o to move on
weitläufig vast, spacious
welch which, what, who
die **Welle, -, -n** wave
die **Wendeltreppe, -, -n** spiral staircase
wenden to turn
wer who
die **Werkstatt, -, ⁻en** workshop
die **Werkstätte, -, -n** workshop
wetten to bet
wetzen to grind
der **Wetzstein, -s, -e** whetstone

der **Wicht, -es, e** wretch, brat
widerstehen, a, a to resist
wieder-bringen, a, a to bring back
wiegen, o, o to weigh
die **Wiese, -, -n** meadow
das **Wildschwein, -s, -e** wild boar
willkommen heißen, ie, ie to welcome
der **Wille, -ns** will, desire
wimmern to whine
winken to signal, beckon
wirken to work, perform
der **Wirt, -es, -e** innkeeper
die **Wirtschaft, -, -en** inn
das **Wirtshaus, -es, ¨er** inn
die **Witterung, -, -en** scent
die **Witwe, -, -n** widow
wohlan now then
wohnen to live, reside
die **Wohnung, -, -en** residence
der **Wolf, -s, ¨e** wolf
die **Wolke, -, -n** cloud
das **Wunder, -s, -** wonder, miracle
wunderbar magic; wonderful
die **Wundergabe, -, -n** magic gift
wunderlich strange
sich **wundern** to be surprised
wunderschön very beautiful
der **Wunsch, -es, ¨e** wish
die **Wurst, -, ¨e** sausage
die **Wut, -** rage, fury
wütend furious

Z

zahlen to pay
zählen to count
zahm tame
der **Zahn, -s, ¨e** tooth
die **Zange, -, -n** (a pair of) tongs
der **Zank, -es, ¨e** quarrel
zappeln to struggle, wriggle
zart tender
der **Zauberspruch, -s, ¨e** magic saying
zaudern to hesitate
die **Zeche, -, -n** bill
die **Zehe, -, -n** toe
das **Zeichen, -s, -** sign, signal
zeichnen to mark, brand
zeitig early, ripe
die **Zeitlang, -** for a while
das **Zepter, -s, -** scepter
zerbrechen, (i), a, o to break in pieces
zerkratzen to scratch
zerreißen, i, i to tear to pieces

zerspringen, a, u to break in pieces
die **Ziege, -, -n** goat
die **Zierat, -s, -e** ornament
zierlich neat, dainty
das **Zinngeschirr, -s** pewter
zittern to tremble, shake
der **Zorn, -s** anger, wrath
zornig angry
zu-decken to cover
zuerst at first
zufrieden content
die **Zufriedenheit, -** satisfaction
zu-gehen auf, i, a to go up to
der **Zügel, -s, -** rein, bridle
zugleich at the same time
zugreifen, i, i to help oneself
der **Zuhörer, -s, -** listener
zu-kehren to turn to
zu-machen to close
zumal especially
die **Zunge, -, -n** tongue
zu-ordnen to assign
zurecht-machen to arrange
das **Zureden, -s** persuasion
zu-riegeln to bolt
zurück-kehren to return
die **Zusage, -, -n** promise
zusammen-fallen, (ä), ie, a to collapse
zusammen-suchen to collect, get together
sich **zusammen-tun, a, a** to close
zu-schließen, o, o to lock
zu-sehen, (ie), a, e to watch
zuteil werden to fall to a person's share
zu-traben auf to trot towards
sich **zu-tragen, (ä), u, a** to happen
zu-tun, a, a to close
zuvor first, beforehand
zu-werfen, (i), a, o to slam
zwängen to force, squeeze
zwar to be sure
der **Zwerg, -es, -e** dwarf
der **Zwirn, -s, -e** thread